DETAILED ENGLISH
GRAMMAR FOR
THE TOEIC®L&R TEST

濵﨑潤之輔

HAMASAKI JUNNOSUKE

著

TOEIC®L&Rテスト
詳説英文法

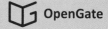 OpenGate

この度、オープンゲートさんから『TOEIC L&R テスト 詳説英文法』を出版させていただくことになりました。

本書をお手に取っていただけたことを、とても嬉しく思います。心より感謝申し上げます。ありがとうございます。

「TOEIC L&R テスト (以下 TOEIC) 対策の勉強を進めていくうえで、まず何をしっかりと学ぶことが重要ですか?」という質問を、僕はこれまでに何回も受けてきました。

僕の答えは「単語と文法」です。

2006 年に TOEIC テストと出会うまで、大学受験のため以外に、僕は英語の勉強をしたことがありませんでした。

そんな僕が偶然 NHK E テレで大西泰斗先生の番組と出会い、感銘を受け、先生の全ての著書を購入して何回も何回も繰り返し読み、気が付けばそれらを完全にマスターした状態になっていました。

大西先生から学ばせていただいた英文法が、TOEIC の全てのパートにおいて想像をはるかに超えるレベルで役に立ち、特に「文法がらみの問題は絶対に間違えない」レベルにまでこれたということを大いに実感したのです。

そして、「僕が得ることのできたこの感覚を一人でも多くの読者のみなさまにできる限りわかりやすくお伝えしたい」という気持ちを抱くようになりました。

それを実現することができたのが本書です。TOEIC に出題される頻出の文法問題を一通りしっかりと網羅しています。

TOEIC で出題される文法事項は、そのほとんどが中学校卒業までに習うものであり、それらに加えてほんの少しだけ高校で習うものが混じっているだけなのです。

だから臆することはありません。本書ははじめて TOEIC を受験される方から、受験経験はあれどもどうしても文法に対する苦手意識を持っていらっしゃる方まで、幅広い受験者のみなさまのお役に立てる一冊であると確信しています。

文法は、文法問題を解く際に必要な知識であると同時に、リスニングセクションとリーディングセクション全ての内容を理解するための下支えとなる大切なルールです。

TOEIC に出題される文法を本書で着実に基本から学び、是非、目標を達成されることを心より願っています。

頑張っていきましょう。

応援しています。

2021 年 10 月　濵﨑潤之輔

基本装備をチェック── 英文法の基礎知識

Chapter 1

一歩ずつ着実に ── 10問

Chapter 2

一気に駆け抜けろ ─ 18問

Chapter 3

見極めが肝心 ── 22問

Chapter 4

俯瞰で見渡せ ── 20問

各 Chapter は主に次のようなタイプ分けをしています。
Chapter 1 解き方・考え方の基本が身に付く問題
Chapter 2 素早く解くべき問題
Chapter 3 正解に繋がるポイントを見つけることが鍵になる問題
Chapter 4 文全体を読む・時間をかけて解く問題

学習の進め方の一例を提案いたします。ご自身の現在のレベルや得意・不得意
に応じて、自分にあったルートで学習を進めていきましょう。

基本コース

② → （余裕があれば**③**） → **①**

1問ずつ着実に学習を進めていきたい
方にお薦めのコースです。

見開きの左ページの上部に問題が掲載
されています（解説などが目に入るのを
避けたい方は、問題一覧ページで1問解
答した後に解説ページに進むようにして
ください）。

Chapter 内全ての問題を学習し終え
たら問題一覧ページに戻り、再度全ての
問題を通しで解いて理解度を確認しま
しょう。

発展コース

① → **②** → **③**

まず問題一覧ページで全ての問題を
解答し、実力をチェック。間違えた問題
はしっかり解説を読み、正解した問題は
解説の太字部分を読んで、正しいプロセ
スで正解を導けていたかを確認しましょ
う。その後、GEAR UP のページに進
み、1問から得られるものを全て学び尽
くしてください。

▶POINT

問題で問われている文法項目を示しています。
頻出度は三段階で表しています。

▶解説：正解への思考プロセス

【選択肢を確認】→【正解を絞り込む】→【正解を確定】という、正解を導くときの

思考のプロセスに沿って解説しています。太字の部分は各項目の重要なポイントです。

正解していた場合でも、誤った考え方をしていた場合には不正解であるとみなし、正しいルートをしっかり確認して「使える知識」にするようにしてください。

▶ 文の要素を理解しよう

問題文を文の要素ごとにスラッシュで区切っています。問題文中ではどれが主語・動詞・目的語・補語なのかということが分かれば、文の意味をより素早く正確に理解することができるようになります。

▶ 英語の語順で理解しよう

英文を英語の語順のまま前からスムーズに理解していくために、本書ではスラッシュリーディングという方法を使って英文を読むことをお勧めしています。以下の方法で英文にスラッシュを入れていき、カタマリごとに前から理解しつつ英文を読むようにします。

> **スラッシュの入れ方の基本**
> ① SVOC による第 1 文型～第 5 文型のカタマリの後ろにスラッシュ
> ② 長めの主語の後ろにスラッシュ
> ③ 接続詞の前にスラッシュ
> ④ 前置詞の前にスラッシュ
> ⑤ 関係詞の前にスラッシュ
> ⑥ カンマの後ろにスラッシュ
> ⑦ 後置修飾の始まる箇所の前にスラッシュ
> ＊上記はあくまでもスラッシュの入れ方の「基本」です。例えば interact with のような句動詞などは、本書では前置詞の前ではなく後ろにスラッシュを入れてある場合があります。

▶ GEAR UP

本書の問題から学べるのは正解を導くために必要な文法知識や語彙の知識だけではありません。中上級レベル以上の学習者なら必ず覚えておきたい「TOEIC に必出の + α」の知識を紹介しています。

▶ SKILL CHECK

各問題で使用されている語句や GEAR UP で紹介した知識から、ランダムにクイズを出題しています。間違ってしまったときは該当のページに戻り、必ず**再度復習**するようにしましょう。

本書に掲載している英文およびその日本語訳の音声、「英語の語順で理解しよう」(スラッシュリーディング) の音声を収録しています。

問題文および GEAR UP の例文は、英語のみの音声と日本語入りの音声の両方をご利用いただけます。英語のみの音声は数字のみのトラック (例：001)、日本語入りの音声は数字＋jp のトラック (例：001jp) をお聞きください。

*日本語入りの音声は英→日→英の順に収録しています。

■ スマートフォンでダウンロードする場合

AI 英語教材アプリ abceed 無料の Free プランでダウンロードしてください。

① ページ下の QR コードまたは URL から、無料アプリ abceed (Android / iOS 対応) をダウンロードしてください。

② 画面下の「見つける (虫めがねのアイコン)」タブをクリックして、本書のタイトルで検索します。表示された書影をタップし、音声の項目を選択すると、音声一覧画面へ遷移します。

③ 再生したいトラックを選択すると音声が再生できます。また、倍速再生、区間リピートなど、学習に便利な機能がついています。

*アプリの詳細については www.abceed.com にてご確認ください。

〈画面イメージ〉

アプリダウンロードはこちら

https://www.abceed.com
abceed は株式会社 Globee の商品です。

アプリについてのお問い合わせ先：
info@globeejp.com
(受付時間：平日の 10-18 時)

■ PC でダウンロードする場合

下記 URL より弊社・株式会社オープンゲートのホームページにアクセスしていただき、本書の書影をクリックしてください。

https://openg.co.jp/

本書の紹介ページを下方にスクロールして**パソコンへのダウンロードはこちら**をクリックしてダウンロードしてください。

▶ **お問い合わせ先　株式会社オープンゲート**
　　　　　　　Tel. 03-5213-4125 (受付時間：平日の 10 時 -18 時)

英文法の基礎知識

英文法の基礎知識 ①

◁))) 001

本書で使われている文法用語は、いずれも**最低限必ず理解して覚えてもらいたいものだけ**で成り立っています。以下をしっかりと読んで理解し、本編へと進んでください。

文の要素

ほとんどの英文は「**主語＋動詞＋目的語 or 補語**」を骨組みとして成り立っています。主語、動詞、目的語、補語を**文の要素**といいます。文の要素とは、**英文を組み立てるパーツ**となるものだと考えてください。

それでは例文を使って一つひとつ理解していきましょう。

① 主語

• **Paul** gets to work early.

  Paul は出勤するのが早いです。

  語句 □ get to work 出勤する　□ early 早く

日本語にしたときに「**〜は**」「**〜が**」**にあたる語（語句）が主語**です。この例文では Paul「Paul は」がそれにあたります。

② 動詞

• Ms. White **goes** to the gym every day.

  White さんは毎日ジムに行きます。

• Mary **is** a secretary.

  Mary は秘書です。（Mary ＝秘書）

  語句 □ secretary 秘書

日本語にしたときに「**どうする**」、「**どんな状態だ**」、そして「**＝（イコール）**」**にあたる語（語句）が動詞**です。上記の例文では、goes「行く」と is「＝」が動詞です。

③ 目的語

• Ms. Owen watches **movies**.

  Owen さんは映画を観ます。

- Emily has **many T-shirts**.

  Emily はたくさんのTシャツを持っています。

　日本語にしたときに「～を」「～に」にあたる語（語句）が目的語です。上記の例文では movies「映画」、と many T-shirts「たくさんのTシャツ」がそれにあたります。

④ 補語

- My supervisor is **very busy**.

  私の上司はとても忙しいです。（私の上司＝とても忙しい）

  語句 □ supervisor 上司

　動詞を挟んで**主語とイコールになるものが補語**です。is は「＝」という意味を持つ動詞なので、My supervisor is very busy. は My supervisor ＝ very busy という意味の英文になります。主語の My supervisor「私の上司は」とイコールになっているのは、very busy「とても忙しい」です。よって、very busy がこの文の中では補語になります。

文の要素と品詞

- Reynolds watches TV.

  　　主語　　　　　　動詞　　目的語

  Reynolds はテレビを見ています。

　この例文では、主語が Reynolds、動詞が watches、目的語が TV になります。また、各単語には、それぞれに対応する品詞というものがあります。

- Reynolds watches TV.

  　　名詞　　　　　　動詞　　名詞

　Reynolds は文の要素では「主語」になりますが、**単語の品詞は「名詞」**です。**watches は文の要素でも品詞でも「動詞」**、**TV は文の要素では「目的語」**ですが、**品詞の観点から見ると「名詞」**です。

＊品詞に関しては「英文法の基礎知識②」（10 ページ）で取り上げます。

節と句と語

節 **My supervisor is** very busy.

　主語＋動詞を含むカタマリを節と呼びます。

句 My supervisor is **very busy**.

2 語以上の単語のカタマリを句と呼びます。

語 My supervisor is very busy.

語とは**各単語**のことです。

基本文型

基本文型とは以下の 5 つの文型のことです。

第 1 文型 主語＋動詞＋α（修飾語句）

• Victor walks in the park.
Victor は公園を歩きます。

第 2 文型 主語＋動詞＋補語

• Mr. West looks really young.
West さんは本当に若く見えます。

第 3 文型 主語＋動詞＋目的語

• Oliver has a big car.
Oliver は大きな車を持っています。

第 4 文型 主語＋動詞＋目的語（A）＋目的語（B）

• Lawrence gave me some pens.
Lawrence は私に数本のペンをくれました。

　第 4 文型の動詞は「授与」を表すものが多く、その後に「人＋物」が続いて「人に物を与える」という形になるものが多いです。

第 5 文型 主語＋動詞＋目的語＋補語

• Claire found the book very interesting.
Claire はその本がとても興味深いと分かりました。

　第 5 文型の文では**目的語＝補語**の関係が成立します。
　第 5 文型で使う主な動詞には以下のようなものがあります。

☐ make A B　A を B にする　　　　☐ name A B　A を B と名付ける
☐ find A B　　A が B だと分かる　　☐ keep A B　A を B のままにしておく
☐ call A B　　A を B と呼ぶ　　　　☐ leave A B　A を B のままにしておく

英文法の基礎知識 ②

)) 002

「**文の要素**」は**語**や**句**から成ります。そして全ての語には「**品詞**」があります。

品詞

文の要素を作る語には「品詞」があり、それぞれの役割があります。ここでは英文に登場する主な品詞を見ていきましょう。

① 名詞

　Tom「Tom：人名」、brochure「小冊子」、Fukuoka「福岡：地名」など

- **Tom** had some **brochures** in his **bag**.
  Tom はカバンの中に数冊の小冊子を持っていました。
  語句 □ brochure 小冊子

　名詞は**人名や地名、その他の人や物を表し、主語や目的語、補語などになります**。名詞には「**可算名詞**」（1つ、2つと数えることができる名詞で、単数形と複数形がある）と「**不可算名詞**」（1つ、2つと数えることができない名詞で、単数形や複数形がない）があります。可算名詞の単数形には「**冠詞**」の the や a/an、代名詞の所有格などが付きます。不可算名詞には the や代名詞の所有格は付けられますが、a/anは付きません。また、a/anは「1つの」と訳さない場合がほとんどです。

② 動詞

　conduct「～を行う」、recognize「～を認識する」、seem「～のようだ」など

- Mr. Winters **conducted** a survey and **presented** it at the conference.
  Winters さんは調査を行い、その結果を会議で発表しました。
  語句 □ conduct ～を行う　□ survey 調査　□ present ～を発表する
  　　 □ conference 会議

　動詞は主語の動作や状態を表し、主語の後ろに置きます。主語が三人称単数で時制が現在の文では動詞の語尾に -s/-es を付けたり（このように主語に応じて動詞の形を変えることを**主述の一致**と言います）、時制が過去の文では過去形を使ったりします。また、**動詞の活用形**には**過去形**「～した」や**過去分詞**「～される、～された」などがあります。上記以外にも動詞から派生するものとして、次の3つが挙げられます。

▶ 動名詞

動名詞は動詞の doing 形で、意味は「〜すること」です。

• **Taking** photos in the museum is strictly prohibited.

博物館の中で写真を撮影することは厳格に禁じられています。

語句 □ museum 博物館　□ strictly 厳しく　□ prohibit 〜を禁止する

Taking は「〜を撮ること」という意味の動名詞で、photos「写真」は Taking の目的語、Taking photos は文全体の中では主語の役割を果たしています。

▶ 現在分詞

現在分詞は動名詞と同じく**動詞の doing 形**ですが、単独では**形容詞と同じ性質を持ちます。**意味は「**〜している**」になります。

• Penelope is **presenting** at the meeting in room 105.

Penelope は 105 号室で行われている会議でプレゼンを行っています。

presenting「プレゼンを行っている」は現在分詞で、名詞である Penelope の状態を説明している形容詞であると言うことができます。

▶ to 不定詞

to 不定詞は to ＋動詞の原形で表され、以下の３つの用法があります。また、一般的には「不定詞」と呼ばれることが多いです。

1. 名詞的用法「〜すること」

• Delilah likes **to watch** movies very much.

Delilah は映画を観ることがとても好きです。

名詞的用法は「**〜すること**」という意味になります。to watch が「〜を観ること」という意味の to 不定詞の名詞的用法、movies「映画」は watch「〜を観る」の目的語です。また、to watch movies「映画を観ること」は likes「〜を好む」の目的語となっています。

2. 形容詞的用法「〜するための」

• Scott asked me to buy something **to drink**.

Scott は私に何か飲み物を買ってくるよう頼みました。

形容詞的用法は「**〜するための**」という意味になります。to drink「飲むための」は、直前にある名詞の something「何か」を後ろから修飾しています。something to drink は直訳すると「飲むための何か」ですが、意訳すると「何か飲む物」となります。

3. 副詞的用法「〜するために、〜して」

- Our team practiced hard **to beat** its rival teams.

  私たちのチームはライバルチームに打ち勝つために一生懸命練習しました。

  語句 □ beat 〜に打ち勝つ

　副詞的用法は「**〜するために**」という意味になります。to beat its rival teams は「ライバルチームに勝つために」という to 不定詞の副詞的用法＋目的語（its rival teams）からなるカタマリで、これは Our team practiced hard「私たちのチームは一生懸命練習しました」という文を後ろから修飾しています。to beat だけに目を向けると、これは動詞の practiced を修飾しているため、動詞を修飾する副詞的用法だと言えます。

- Mariah was very happy **to hear** the news.

  Mariah はその知らせを聞いてとても幸せでした。

　副詞的用法は「〜するために」だけでなく「**〜して**」という意味にもなります。to hear the news は「その知らせを聞いて」という to 不定詞の副詞的用法＋目的語（the news）からなるカタマリで、これは Mariah was very happy「Mariah はとても幸せでした」という文を後ろから修飾しています。to hear だけに目を向けると、これは直前にある形容詞の happy を修飾しているため、形容詞を修飾する副詞的用法だと言うことができます。

＊本書の本編では問題の選択肢に動詞の過去形や過去分詞、動名詞や現在分詞、そして to 不定詞がある場合、適宜いずれかに絞って訳などを掲載するようにしています。

③ 形容詞

　attractive「魅力的だ」、basic「基本的な」、temporary「一時的な」など

- The audience felt that Darrel's speech was very **engaging**.

  聴衆は Darrel のスピーチは非常に魅力的だったと感じました。

  語句 □ audience 聴衆　□ engaging 魅力的だ

　形容詞は名詞の状態や性質を表し、名詞の前に置いてその名詞を修飾したり、主語や目的語の補語になったりします。 形容詞 engaging「魅力的だ」は同じ節の主語である Darrel's speech「Darrel のスピーチ」の補語となっています。

④ 副詞

　usually「たいてい」、frequently「しばしば」、shortly「まもなく」など

- The annual company retreat is **tentatively** set for February 16.

  毎年行っている社員旅行は、暫定的に 2 月 16 日に予定されています。

**副詞は主に名詞以外の品詞や語句を修飾し、英文の中では様々な位置に置か
れます**。この例文では、副詞 tentatively「暫定的に」は過去分詞 set「設定され
ている」を前から修飾しています。

⑤ 代名詞

my「私の」、he「彼は」、their「彼らの、それらの」など

• Mariko's company has an edge over **its** competitors.
Mariko の会社は競合他社に対して強みがあります。

代名詞は一度英文に登場した名詞の代わりに使われます。代表的な代名詞に
は**人称代名詞**（I、my、me など）、**所有代名詞**（mine など）、そして**再帰代名詞**
（myself など）があります。この例文では、代名詞の所有格である its「その」が
名詞 competitors「競合他社」を前から修飾しています。

⑥ 助動詞

would「～だろう」、may「～かもしれない、～してもよい」、can「～できる、
～してもよい」など

• Our marketer **must** realize that consumers' decisions
are emotional.
当社のマーケターは消費者の決定は感情的であるということを認識しなければなりま
せん。

**助動詞は動詞の前に置き、その動詞は原形になります。そして話し手が感じ
たことや、考えたことなどの意味を動詞に付け加えます**。この例文では、助動詞
must「～しなければならない」が動詞 realize「～を認識する」を前から修飾し
ています。

⑦ 前置詞

at（〈点〉のイメージ）、to（〈到達〉のイメージ）、on（〈接触〉のイメージ）など

• Our team frequently inspects items **throughout** the
production process.
私たちのチームは生産工程の至る所で商品を頻繁に検査しています。

前置詞は名詞の前に置いて名詞に意味を付け加えます。この例文では、前置詞 throughout「～の至る所で」が名詞句 the production process「生産工程」の前に置かれて意味を付け加えています。

⑧ 接続詞

after「～した後で」、that「～ということ」、although「～だけれども」など

• You may select your seat **when** you board the ferry.
フェリーに乗船するときに、座席を選ぶことができます。

接続詞は節と節、句と句、そして語と語などを繋ぎます。この例文では、接続詞 when「～するとき」が 2 つの節を繋いでいます。You may select your seat が主節（その文においてメインとなる節）、when が頭に付いている you board the ferry が従属節と呼ばれます。

⑨ 冠詞

a/an「1 つの」、the「その」

• We have to place **an** order immediately.
私たちはすぐに注文をしなくてはなりません。

冠詞は名詞の前に置かれます。a/an は可算名詞の単数形の前に置かれます。この例文では、冠詞 an「1 つの」が可算名詞の単数形である order「注文」の前に置かれています。the は可算名詞にも不可算名詞にも付けることができ、その名詞が「（ある特定の）1 つのものに決まる」場合に使われます。

⑩ 疑問詞

what「何」、where「どこ」、how「どのように」など

• **When** will this change take effect?
この変更はいつから実施されますか。

疑問詞は主に疑問文の文頭に置いて使われます。この例文では疑問詞 when「いつ」が疑問文の文頭に置かれています。

Chapter 1

一歩ずつ着実に——10問

1. Greenstar Airlines ------- the seats in their aircraft to offer passengers a more comfortable aerial voyage.

(A) redesign
(B) redesigned
(C) redesigning
(D) to redesign

2. The position of sales representative at Watson Motors requires ------- candidates to interact with clients on a daily basis.

(A) succeed
(B) succeeds
(C) successful
(D) successive

3. The weather was so fantastic every day of our vacation in San Diego that there ------- rarely a day that we saw clouds in the sky.

(A) was
(B) is
(C) has been
(D) will be

4. While being initially cautious in ------- starting a new business, once they become sure of the situation, they will be willing to take greater risks.

(A) considering
(B) consideration
(C) considered
(D) consider

5. Because Glasgow is notorious for frequent rain, travelers are ------- to pack an umbrella and a pair of rain boots.

(A) advice
(B) advising
(C) advise
(D) advised

6. The Cherry Hills Innovation Award entries ------- judged on their functionality, design and originality.

(A) is
(B) are
(C) be
(D) to be

7. Brent Dumas is an ------- recognized author, who has sold more than 30 million books.

(A) international
(B) internationality
(C) internationally
(D) internationalization

8. The City of Seattle makes a considerable profit by renting bikes to tourists ------- visit there from other cities.

(A) which
(B) who
(C) when
(D) where

9. ------- Herb Sip Life Outfitters will close its outlet on 52nd Avenue, their other stores will continue to operate as usual.

(A) Since
(B) Although
(C) However
(D) Notwithstanding

10. Olive Babbles periodically publicizes its environmental preservation efforts in order to show its ------- to the well-being of the society.

(A) commits
(B) committed
(C) commitment
(D) committedly

Greenstar Airlines ------- the seats in their aircraft to offer passengers a more comfortable aerial voyage.

(A) redesign
(B) redesigned
(C) redesigning
(D) to redesign

文の要素の理解、三人称単数現在形の理解

頻出度 🔥🔥🔥

語句	
□ aircraft	航空機
□ offer A B	A に B を提供する
□ passenger	乗客
□ more	より大きな程度に
□ comfortable	快適な
□ aerial voyage	空の旅

訳 Greenstar Airlines redesigned the seats in their aircraft to offer passengers a more comfortable aerial voyage.

Greenstar 航空は、より快適な空の旅を乗客に提供するため、航空機内の座席のデザインを改めました。

□ redesign	～のデザインを改める
(A) redesign	動詞の原形・現在形
(B) redesigned	動詞の過去形、過去分詞
(C) redesigning	動名詞、現在分詞
(D) to redesign	不定詞

選択肢を確認 動詞の活用形が並んでいる場合は問題文に動詞があるかどうかを確認

選択肢には動詞 redesign「〜のデザインを改める」の活用形などが並んでいます。選択肢の並びがこのタイプの問題は文頭から文末までをきちんと読み、問題文中に動詞があるかどうかを必ず確認するようにします。

 正解を絞り込む 1 文 1 動詞の原則

問題文には動詞がないため、空所には動詞が入ることが分かります。英語では、「1つの文（ここでは節のことを表しています）の中に動詞は1つ」というのが原則です。接続詞や関係詞（関係代名詞や関係副詞）を含む文では、それらの数に比例して「主語＋動詞」の数、つまり節の数が増えます。「接続詞や関係詞が1つ増えると、文（節）が1つ増える」のです。選択肢の中で動詞として使えるものは原形（現在形）の (A) redesign「〜のデザインを改める」と過去形の (B) redesigned「〜のデザインを改めた」です。

 正解を確定 固有名詞は語尾に –s が付いていても単数形

主語の Greenstar Airlines「Greenstar 航空」は三人称単数です。空所に現在形の動詞を入れるのであれば三人称単数現在形の redesigns でなくてはいけません。Greenstar Airlines の語尾には -s が付いていますが、これは名詞の複数形を表す -s ではありません、Greenstar Airlines という固有名詞なのです。大文字から始まる会社名の語尾に -s が付いている場合には注意が必要です。よって、(A) は不正解、正解は (B) になります。

正解 B

文の要素を理解しよう

Greenstar Airlines / redesigned / the seats / in their aircraft

主語	動詞	目的語	
Greenstar 航空は	デザインを改めた	座席の	航空機内の

/ to offer / passengers / a more comfortable aerial voyage.

提供するために　　乗客に　　　　　　より快適な空の旅を

もっと学び尽くす

英語の語順で理解しよう 🔊 004

Greenstar Airlines redesigned the seats / in their aircraft
Greenstar 航空は座席のデザインを改めた　航空機内の

/ to offer passengers a more comfortable aerial voyage.
より快適な空の旅を乗客に提供するために

GEAR UP! 🔊 005

Greenstar Airlines ------- the sea
passengers a more comfortable

(A) redesign
(B) redesigned
(C) redesigning
(D) to redesign

1

語尾が -s で終わる単語で「単数形や不可算名詞」として使われるものは、他にも TOEIC においていくつか登場する。

■ 語尾が -s で終わる単数形 / 不可算名詞の単語の例

☐ crossroads	交差点（単複同形）
☐ headquarters	本社（単複同形）
☐ means	手段、方法（単複同形）
☐ series	シリーズ（単複同形）
☐ species	種（単複同形）
☐ news	知らせ、ニュース（不可算名詞）
☐ economics	経済学（不可算名詞）
☐ physics	物理学（不可算名詞）
☐ mathematics	数学（不可算名詞）
☐ politics	政治学（不可算名詞）
☐ ethics	倫理学（不可算名詞）
☐ analysis	分析（単数形）
☐ emphasis	強調（単数形）

1. crossroad は単数形、crossroads は単数と複数両方の扱いがある。
2. 学問の名称には語尾が -s で終わるものが多く見られる。
3. analysis の複数形は analyses、emphasis の複数形は emphases になる。

2

offer「〜を提供する」は offer A B で「A に B を提供する」という意味を表せる「授与型」(誰かに何かを与えるタイプ) の動詞。offer は offer A B 以外にも、offer B to A「B を A に提供する」、offer to do「〜することを申し出る」という使い方も頻出。名詞の offer は「申し出」という意味の不可算名詞、「提供物」という意味の可算名詞としてよく使われる。

ts in their aircraft to offer
aerial voyage.

3

航空関連の語句は同じ意味でも実に様々な表現がある。以下の表現全てを覚える必要はないが、同じものを表す英語表現は多々あるということをここでは知ってもらえれば幸いだ。

▶ 航空機	▶ 航空会社	▶ 空の旅
□ aircraft	□ air carrier	□ aerial voyage
□ air carrier	□ airline	□ flight
□ airplane	□ airlines	□ air passage
□ craft	□ airline company	□ airline journey
□ plane	□ airway	□ air travel
	□ airways	□ airplane voyage

4

more「より多くの」は「より大きな程度に」という意味の副詞として、ここでは後ろに続く形容詞の comfortable「快適な」を修飾して比較級を作っている。綴りが比較的長めの形容詞や副詞を比較級にするには more、最上級にするには the most を形容詞や副詞の前に付ける。

□ This is the most interesting movie that I have ever seen.
これは自分が今までに観た中で最も面白い映画です。

語句 □ most interesting 最も面白い　□ ever 今までに

The position of sales representative at Watson Motors requires ------- candidates to interact with clients on a daily basis.

(A) succeed
(B) succeeds
(C) successful
(D) successive

形容詞が名詞を前から修飾するパターンの理解

頻出度 🔥🔥🔥

語句		
	□ position	職
	□ sales representative	販売員
	□ require A to do	A が〜することを要求する
	□ candidate	候補者
	□ interact with	〜と関わり合う
	□ client	顧客
	□ on a daily basis	毎日のように

訳 The position of sales representative at Watson Motors requires successful candidates to interact with clients on a daily basis.

Watson モーターズ社の販売員の職は、合格者が毎日のように顧客と関わり合うことを求めています。

□ succeed		成功する、〜の後を継ぐ
	(A) succeed	動詞の原形・現在形
	(B) succeeds	動詞の三人称単数現在形
	(C) successful	成功した：形容詞
	(D) successive	連続する：形容詞

解説 正解への思考プロセス

選択肢を確認　動詞の活用形が並んでいる場合は問題文に動詞があるかどうかを確認

選択肢には動詞 succeed「成功する」の派生語などが並んでいます。空所の前には動詞の三人称単数現在形 requires「〜を要求する」があり、空所の後ろには複数形の名詞 candidates「候補者」があります。

正解を絞り込む　1 文 1 動詞の原則

問題文には既に動詞 requires があるため、動詞である (A) succeed と (B) succeeds は正解候補から外れます。

正解を確定　名詞を前から修飾するのは形容詞・名詞・分詞・冠詞・代名詞の所有格

空所には名詞 candidates を前から修飾して文意が通る (C) の形容詞 successful「成功した」が入ります。successful candidates で「(採用面接などの) 合格者」という意味になります。名詞を前から修飾するのは形容詞や名詞、分詞 (現在分詞と過去分詞)、冠詞、代名詞の所有格などです。(D) の successive「連続する」も形容詞ですが、successive candidates では「連続する候補者」となってしまい意味を成しません。このように文法的な並びが正しくても、組み合わせたときに意味の通る語句にならないものは当然ながら不正解なのです。

正解 C

文の要素を理解しよう

The position of sales representative at Watson Motors

主語
Watson モーターズ社の販売員の職は

/ requires / successful candidates / to interact with / clients

動詞　　　　　　目的語
求める　　　　　合格者に　　　　　　　関わり合うことを　顧客と

/ on a daily basis.

毎日のように

＊ここでは動詞の前までの名詞のカタマリを主語としています。

もっと学び尽くす

英語の語順で理解しよう ⟨ ◁) 002

The position of sales representative at Watson Motors
　　　　　Watson モーターズ社の販売員の職は

/ requires successful candidates / to interact with clients
　　　　合格者に求める　　　　　　顧客と関わり合うことを

/ on a daily basis.
　　　毎日のように

GEAR UP! ◁) 008

The position of sales represe
------- candidates to interact

(A) succeed
(B) succeeds
(C) successful
(D) successive

1

representative は「販売員、担当者」という意味の他に「代表者」という
意味でもよく使われる。また、sales representative「販売員」は sales
rep と表記されることもある。

□ Our department is now looking for a versatile sales
　representative.
□ Our department is now looking for a versatile sales rep.
　私たちの部署は現在、多才な販売員を探しています。

語句 □ department 部署　□ look for ～を探す　□ versatile 多才な

2

require A to do は「A が〜することを要求する」という意味の頻出表現。
以下の例文ではこれの受動態が使われている。

☐ All employees are required to wear business attire when meeting clients.

全ての従業員は、顧客に会う際は仕事用の服装を着用することを求められます。

語句 ☐ employee 従業員　☐ be required to do 〜することを求められる
☐ business attire 仕事用の服装　☐ when doing 〜するとき

ntative at Watson Motors requires
with clients on a daily basis.

COLUMN 信じることがブレをなくす

「この本に真剣に、そして本気で取り組めば、必ずや自分の TOEIC スコアは飛躍的に上がる」と、心の底から信じて学習を続けていくことが大切です。本気で何かを信じることができたとき、一切のブレはなくなります。徹底的にやれば必ず報われます。ぜひ自分を信じて、本気で挑戦してみてください。

問題

3

◁)) 009

The weather was so fantastic every day of our vacation in San Diego that there ------- rarely a day that we saw clouds in the sky.

(A) was
(B) is
(C) has been
(D) will be

時制の理解

頻出度 🔥🔥🔥

語句
□ fantastic　非常に良い
□ rarely　めったに～ない

訳　The weather was so fantastic every day of our vacation in San Diego that there was rarely a day that we saw clouds in the sky.

サンディエゴでの私たちの休暇中は毎日天気がとても良かったので、空に雲を見るような日はほとんどありませんでした。

(A) was	主語が一人称、もしくは三人称単数の場合の過去形
(B) is	三人称単数現在形
(C) has been	主語が三人称単数の場合の現在完了形
(D) will be	未来を表す表現

解説 正解への思考プロセス

選択肢を確認 時制の問題であると判断

選択肢には be 動詞の様々な形が並んでいます。過去、現在、現在完了、そして未来を表す表現が並んでいるため「時制の理解」を問う問題であると判断することができます。時制の理解を問う問題では、yesterday「昨日」や next month「来月」のような時制を表すキーワードや、空所を含む節以外の節にある動詞の時制がヒントになります。

正解を絞り込む there be の文であると判断 ＋他の 2 つの節の時制を確認

空所の前には there「そこに」、後ろには rarely a day「めったに~な日はない」が続いています。また、問題文には接続詞の that が 2 つあるため、それらの節の時制を確認します。空所に入る語は空所の前にある there とセットになって there be「~がある」という表現を作ることが分かります。

正解を確定 他の節の時制は全て過去

空所の後ろにある that 節の動詞 saw「~を見た」から、問題文の時制は過去であると判断することができます。よって、正解は過去形の be 動詞である (A) の was です。

正解 A

文の要素を理解しよう

The weather / **was** / **so fantastic** / every day / of our vacation
主語　　　　動詞　　　補語
天気は　　　（＝）　とても良かった　　毎日　　　私たちの休暇の

/ in San Diego / that / **there was rarely** / a day / that
接続詞　　　　　動詞　　　　主語　接続詞
サンディエゴ　（そのため）ほとんどなかった　日は（どんな日か
での　　　　　　　　　　　　　　　　　　　　というと）

/ **we** / **saw** / **clouds** / in the sky.
主語　動詞　目的語
私たちが　見た　雲を　　空に

＊there be 構文の動詞は be、主語は there be に続く名詞です。rarely は there was を後ろから修飾している副詞ですが、ここでは there was rarely を動詞、a day を主語としています。

英語の語順で理解しよう 🔊 010

The weather was so fantastic every day / of our vacation
　　天気は毎日とても良かったので　　　　　　私たちの休暇の

/ in San Diego / that there was rarely a day / that we saw clouds
　サンディエゴでの　　　日はほとんどなかった　　　　私たちが雲を見た

/ in the sky.
　空に

GEAR UP! 🔊 011

**The weather was so fantastic
that there ------- rarely a day**

(A) was
(B) is
(C) has been
(D) will be

1

so A that B は「とても A なので B だ」という構文（英文を構成する決まった型のこと）で、A には形容詞、B には節が入る。

☐ The movie was so exciting that I had difficulty sleeping that night.

その映画はとても興奮させるものだったので、私はその夜なかなか寝ることができませんでした。

語句 ☐ exciting 興奮させる　☐ have difficulty doing 〜するのが難しい
　　　　☐ that night その夜

COLUMN 「考えるな、やれ」

「絶対に〇〇〇点取りたい」という強い願いがあるならば、歯を食いしばって最後までやり抜こうという気概と、「あれこれ考えず、やれることは全てやってやる」という意気込みが大切です。

every day of our vacation in San Diego
that we saw clouds in the sky.

2

rarely「めったに〜ない」がある文は、肯定文でも否定的な内容になる。rarely は「頻度が非常に低い」ことを表す。「絶対量が少ない」ことを表す hardly「ほとんど〜ない」と混同しないように注意。

☐ Karen said that she could hardly find time to study because she was busy at work.

Karen は仕事が忙しいので勉強をする時間をほとんど取ることができないと言いました。

語句 ☐ be busy at work 仕事が忙しい

TOEIC に登場する「頻度を表す副詞」をまとめておいたので、全てしっかりと押さえておくこと。

■TOEIC に登場する「頻度を表す副詞」

☐ always	いつも	☐ sometimes	時々
☐ usually	普通	☐ occasionally	たまに
☐ generally	普通	☐ seldom	めったに〜ない
☐ normally	普通	☐ rarely	めったに〜ない
☐ frequently	頻繁に	☐ hardly ever	ほとんど〜ない
☐ very often	頻繁に	☐ scarcely ever	めったに〜ない
☐ often	しばしば	☐ never	決して〜ない

＊ 数量・程度を表す hardly と scarcely は、ever とセットで使うと頻度を表す。

While being initially cautious in ------- starting a new business, once they become sure of the situation, they will be willing to take greater risks.

(A) considering
(B) consideration
(C) considered
(D) consider

POINT

前置詞＋名詞のパターンの理解

頻出度 🔥🔥🔥

語句
□ while	～する一方で
□ initially	最初は
□ be cautious in	～に慎重である
□ once	ひとたび～すると
□ become sure of	～を確信するようになる
□ situation	状況
□ be willing to do	喜んで～する
□ take risks	リスクを取る

訳 While being initially cautious in considering starting a new business, once they become sure of the situation, they will be willing to take greater risks.

新規事業を始めることを考えるのに最初は慎重である一方で、ひとたび状況に確信を持てるようになると、彼らは喜んでより大きなリスクを取るでしょう。

□ consider	～を考える
(A) considering	動名詞、現在分詞
(B) consideration	考慮：名詞
(C) considered	動詞の過去形、過去分詞
(D) consider	動詞の原形・現在形

解説　正解への思考プロセス

選択肢を確認　consider の活用形などが並んでいることを確認

選択肢には動詞 consider「～を考える」の活用形などが並んでいます。

正解を絞り込む　空所の前は前置詞、後ろは starting a new business という名詞句

空所の前には前置詞の in、後ろには starting a new business「新規事業を始めること」という「動名詞＋目的語」から成る名詞句が続いています。前置詞と名詞句の間に空所がある場合には、「前置詞＋動名詞＋目的語」の語順になる可能性を考えます。

正解を確定　前置詞＋動名詞＋目的語の語順となる頻出パターン

空所の前を少しさかのぼると、be cautious in「～に慎重である」があることが分かります。While は「～する一方で」という意味、initially「最初は」は cautious を修飾しています。(A) の considering「～を考えること」を空所に入れると、While being initially cautious in considering starting a new business「新規事業を始めることを考えるのに最初は慎重である一方で」となり文意が通ります。

正解　A

文の要素を理解しよう

While / being / initially cautious / in considering / starting
接続詞（主語＋）動詞　　　補語
～する　（＝）　　　最初は慎重である　　考えることに対して　始めることを
一方で

/ a new business, / once / they / become / sure
　　　　　　　　　接続詞　主語　　動詞　　　補語
新規事業を　　　　ひとたび　彼らが　　なる　　　確信している
　　　　　　　　　～すると

/ of the situation, / they / will be willing to take / greater risks.
　　　　　　　　　主語　　　　動詞　　　　　　　目的語
状況に　　　　　　彼らは　　喜んで取るだろう　　より大きなリスクを

＊While being は While they are の主語 (they) を省略し、be 動詞を現在分詞に変えたものだと考えてください。

＊本書では will be willing to take のような動作や状態を表すカタマリを、まとめて動詞としています。また、ここでは最後にある greater risks というカタマリを will be willing to take の目的語としています。

英語の語順で理解しよう 🔊)) 013

While being initially cautious / in considering starting a new
最初は慎重である一方で　　　新規事業を始めることを考えることに対して

business, / once they become sure of the situation,
　　　　　　ひとたび状況に確信を持てるようになると

/ they will be willing to take greater risks.
　　　彼らは喜んでより大きなリスクを取るだろう

GEAR UP! 🔊)) 014

While being initially cautious in -------
become sure of the situation, they will

(A) considering
(B) consideration
(C) considered
(D) consider

1

while doing は「〜する一方で」と「〜している間に」のいずれかの意味で使われる。これは接続詞 while の使われ方においても同様だ。ここでの While being は While they are から主語の they を省略し、are を being に変えたものであると考える。また、while は名詞として使われる場合「少しの間」という意味になることも押さえておこう。

☐ While the food was very good, the service was disappointing.
食べ物は美味しかったのですが、サービスはお粗末なものでした。

語句 ☐ disappointing 失望させるような

☐ It's been a while.
しばらくぶりですね。

2

consider doing「〜することを考える」は、本問のように consider が considering の形になる場合でも、considering doing の形で使う。動詞の doing 形が 2 つ続くが、これは正しい形なので違和感を覚える必要はない。

☐ Kosuke is considering going to Australia on vacation.
  Kosuke は休暇でオーストラリアに行くことを考えています。

語句 ☐ on vacation 休暇で

starting a new business, once they
be willing to take greater risks.

COLUMN 「学んだことを自分の力にする」

一度解いた問題を、再度「自分で自分に解説しながら」解いてみてください。知らない単語&フレーズをノートなどに書き出して「完璧に」覚えてください。覚える際は「意味と発音と使い方」をセットで覚えるようにします。本書の音声を「時間があってもなくても」毎日聞き、声に出すようにしてみてください。復習を終えた問題は、もう一度「本番で解いているつもりで」解き直してください。「知っている問題を使って速く解く」練習を積むと、解答速度が確実に速くなってきますよ。

Because Glasgow is notorious for frequent rain, travelers are ------- to pack an umbrella and a pair of rain boots.

(A) advice
(B) advising
(C) advise
(D) advised

POINT

態の理解

頻出度 🔥🔥🔥

語句		
□ notorious	評判の悪い
□ frequent	頻繁な
□ traveler	旅行者
□ pack	～を携行する
□ a pair of	ひとそろいの
□ rain boots	長靴

訳 Because Glasgow is notorious for frequent rain, travelers are advised to pack an umbrella and a pair of rain boots.

Glasgow は頻繁に雨が降ることで評判が良くないので、旅行者は傘と長靴を携行することを勧められます。

□ advise	～に勧める
(A) advice	助言：不可算名詞
(B) advising	動名詞、現在分詞
(C) advise	動詞の原形・現在形
(D) advised	動詞の過去形、過去分詞

動詞の活用形や派生語が並んでいるのを確認

選択肢には動詞 advise「〜に勧める」の活用形や派生語が並んでいます。

 空所の前に be 動詞がある → 空所には動詞は入らない

空所の前には be 動詞の are、後ろには不定詞の to pack が続いています。

 be advised to do の形を完成＋文意を確認

空所に過去分詞の advised を入れると、be advised to do「〜するよう勧められる」というフレーズが完成し、文意も通ります。よって、正解は (D) です。名詞の (A) advice を空所に入れると travelers are advice「旅行者は助言です」となり文意が通らず、(B) の advising を動名詞と考えて空所に入れた場合も travelers are advising「旅行者は助言することです」となりこちらも文意が通りません。この問題は、空所の前にある are と後ろに続く to pack を見た瞬間に、「これは be advised to do のパターンだな」と判断し、瞬時に空所に advised を入れて文意を取りつつ問題文を読みきるのが理想です。

正解　D

● **文の要素を理解しよう**

Because /	**Glasgow** /	**is** /	**notorious** /	for frequent rain,
接続詞	主語	動詞	補語	
〜なので	Glasgow は	（＝）評判が良くない		頻繁に雨が降ることで

/ **travelers** / **are advised** / to pack / an umbrella

　　主語　　　　　　動詞
　　旅行者は　　　勧められる　　携行することを　　傘を

/ and a pair of rain boots.

　　　　　　そして長靴も

＊ここでは are advised のような受動態のカタマリを動詞としています。

英語の語順で理解しよう ◁)) 016

Because Glasgow is notorious for frequent rain, / travelers are
　Glasgow は頻繁に雨が降ることで評判が良くないので　　旅行者は勧められる

advised / to pack an umbrella and a pair of rain boots.
　　　　傘と長靴を携行することを

GEAR UP! ◁)) 017

Because Glasgow is notorious for
to pack an umbrella and a pair of

(A) advice
(B) advising
(C) advise
(D) advised

3

pack は「〜を携行する」という意味で本問では使われているが、「〜を詰め込む」という意味で使われることが多い。

□ Ms. Patel needed to pack her stuff in her suitcase for her business trip.

Patel さんは出張のために、自分の荷物をスーツケースに詰め込む必要がありました。

語句　□ need to do 〜する必要がある
　　　□ pack A in B A を B に詰め込む
　　　□ stuff 物　□ suitcase スーツケース
　　　□ business trip 出張

1

be notorious for は「〜で評判の悪い」を表すが、
関連表現の be famous for「〜で有名だ」もセット
で押さえておくこと。

☐ Hong Kong is famous for its nice night view.

香港は素敵な夜景で有名です。

語句 ☐ night view 夜景

**frequent rain, travelers are -------
rain boots.**

2

frequent は本問では「頻繁な」という意味の形容詞と
して使われているが、「〜をしばしば訪れる」という意味
の他動詞としても使われる。

☐ Brent frequented the museum when he was
in France.

Brent はフランスにいたとき、博物館をしばしば訪れていました。

語句 ☐ museum 博物館

4

advice「助言」は不可算名詞で、「1つの助言」は a
piece of advice と表す。

☐ Ms. Dumas will give you a piece of advice
after the meeting.

Dumas さんは会議の後であなたに1つの助言をするでしょう。

問題

6

◁)) 018

The Cherry Hills Innovation Award entries -------
judged on their functionality, design and originality.

(A) is
(B) are
(C) be
(D) to be

主述の一致の理解

頻出度 🔥🔥🔥

語句	□ innovation	革新
	□ award	賞
	□ entry	エントリー作品
	□ be judged on	～によって審査される
	□ functionality	機能性
	□ design	デザイン
	□ originality	斬新さ

訳 The Cherry Hills Innovation Award entries are judged on their functionality, design and originality.

The Cherry Hills Innovation 賞のエントリー作品は、機能性、デザイン、そして斬新さによって審査されます。

(A) is	三人称単数現在形
(B) are	主語が you、もしくは複数形の場合の現在形
(C) be	動詞の原形
(D) to be	不定詞

選択肢を 確認 be 動詞が並んでいることを確認

選択肢には be 動詞の様々な形が並んでいます。

正解を 絞り込む 1文1動詞の原則

問題文には動詞がないので、空所には動詞が入ることが分かります。また、judged「〜を判断した」は他動詞なので、動詞として使う場合には後ろには目的語が続きます。

正解を 確定 受動態の後ろには目的語は続かない

judged の後ろには目的語が続いていないため、前に入る be 動詞と共に受動態を作ることが分かります。主語は The Cherry Hills Innovation Award entries「The Cherry Hills Innovation 賞のエントリー作品」なので複数形、これに対応する be 動詞は (B) の are になります。

 正解 **B**

文の要素を理解しよう

The Cherry Hills Innovation Award entries / are judged

主語　　　　　　　　　　　　　　　　　　　　　動詞
The Cherry Hills Innovation 賞のエントリー作品は　　審査される

/ on their functionality, / design and originality.

機能性について　　　　　　　デザインと斬新さ

英語の語順で理解しよう ◁)) 019

The Cherry Hills Innovation Award entries are judged
　The Cherry Hills Innovation 賞のエントリー作品は審査される

/ on their functionality, design and originality.
　　　　機能性、デザイン、そして斬新さについて

judge「〜を判断する」を使った独立分詞構文の表現である
judging from「〜から判断すると」を押さえておこう。

□ Judging from the title of the movie, it looks very
　 interesting.
　その映画のタイトルから判断すると、それは非常に面白そうに思えます。

語句 □ look ~に見える　□ interesting 面白い

GEAR UP! ◁)) 020

The Cherry Hills Innovation Award
entries ------- judged on their
functionality, design and originality.

(A) is
(B) are
(C) be
(D) to be

いくつかのものを列挙する場合には、A, B and C「A、B、そして C」
のように表記する。列挙するものの数が多い場合は、A, B, C, D,
and E「A、B、C、D、そして E」のように表記する。

□ I have been to China, Taiwan, Singapore, Indonesia,
　 and Korea.
　私は中国、台湾、シンガポール、インドネシア、そして韓国に行ったことがあります。

語句 □ have been to ~に行ったことがある

☑ SKILL CHECK!

語尾が -s や -es で終わる単語は、複数形だけでなく「単数形」「単複同形」「不可算名詞」として使われるものもあります。A、B、C のうち当てはまるものを [　] に入れましょう。

A 単数形　　B 単複同形　　C 不可算名詞

① [　] means　　　　　　⑧ [　] economics
② [　] analysis　　　　　⑨ [　] physics
③ [　] headquarters　　⑩ [　] mathematics
④ [　] series　　　　　　⑪ [　] species
⑤ [　] news　　　　　　　⑫ [　] crossroads
⑥ [　] politics　　　　　⑬ [　] ethics
⑦ [　] emphasis

解答は 60 ページへ
間違えたら 22 ページをもう一度チェックしよう。

問題

7

🔊 021

Brent Dumas is an ------- recognized author, who has sold more than 30 million books.

(A) international
(B) internationality
(C) internationally
(D) internationalization

副詞が過去分詞を前から修飾するパターンの理解

頻出度 🔥🔥🔥

語句		
□ recognized	知られている	
□ author	著者	
□ more than	～以上	
□ million	100万	

訳 Brent Dumas is an internationally recognized author, who has sold more than 30 million books.

Brent Dumas は国際的に広く知られている著者で、3,000万冊以上の本が売れています。

(A) international	国際的な：形容詞
(B) internationality	国際性：名詞
(C) internationally	国際的に：副詞
(D) internationalization	国際化：名詞

選択肢 確認 **international の派生語などが並んでいることを確認**

選択肢には形容詞 international「国際的な」の派生語が並んでいます。

 正解を 絞り込む **空所の後には「過去分詞（形容詞）＋名詞」が続いている**

空所の前には冠詞の an があり、後ろには recognized author「知られている著者」が続いています。

 正解を 確定 **過去分詞を前から修飾するのは副詞**

空所の直後にある過去分詞を修飾して文意も通るのは、副詞の (C) internationally「国際的に」です。副詞＋形容詞（分詞）＋名詞の並びは非常に頻繁に見られる語順です。

> 正解　**C**

● **文の要素を理解しよう**

Brent Dumas / is / an internationally recognized author,
主語　　　　　動詞　　　　　　　　　補語
Brent Dumas は　（＝）　　　　国際的に広く知られている著者だ

/ who / has sold / more than 30 million books.

（そして　売り上げて　　　　3,000万冊以上の本を
　彼は）　　きた

＊ ここでは an internationally recognized author という名詞句のカタマリを、まとめて補語としています。
＊ 主格の関係代名詞 who の先行詞は an internationally recognized author です。
＊ more than は「〜を超えて」という意味ですが、数量を大ざっぱに示す場合には「〜以上」と訳されることがあります。

英語の語順で理解しよう ◁)) 022

Brent Dumas is an internationally recognized author,
Brent Dumas は国際的に広く知られている著者だ

/ who has sold more than 30 million books.
（そして彼は）3,000万冊以上の本を売り上げてきた

GEAR UP! ◁)) 023

Brent Dumas is an ------- recogn
more than 30 million books.

(A) international
(B) internationality
(C) internationally
(D) internationalization

2

more than「～以上」は over に言い換えることが可能。

□ Their well-established client base consists of
more than 500 corporations.
□ Their well-established client base consists of
over 500 corporations.
彼らの安定した顧客層は 500 以上の企業から構成されています。

語句 □ well-established 安定した、確立された
□ client base 顧客層
□ consist of ～から構成される
□ corporation 企業

1

sell は「～を売る」という他動詞としてだけでなく「(主語が)売れる」という自動詞としての使い方もある。

□ This beverage is selling well these days.
　この飲料がこの頃よく売れています。

語句　□ beverage 飲料　□ sell well よく売れる
　　　□ these days この頃

ized author, who has sold

3

million は「100 万」、billion は「10 億」だが、billion が TOEIC に登場することはほぼないと考えて良い。

□ *Tokyo Times* delivers news to millions of subscribers across the country.
　Tokyo Times は全国の数百万人の定期購読者にニュースを届けています。

語句　□ deliver A to B A を B に運ぶ　□ millions of 数百万の
　　　□ subscriber 定期購読者　□ across ～のいたる所に

The City of Seattle makes a considerable profit by renting bikes to tourists ------- visit there from other cities.

(A) which
(B) who
(C) when
(D) where

関係代名詞の使い方の理解

頻出度 🔥🔥🔥

語句
- □ make a profit 　利益を得る
- □ considerable 　かなりの
- □ by doing 　～することによって
- □ rent A to B 　A を B に貸す
- □ visit 　～を訪れる
- □ there 　そこに
- □ other 　他の

訳　The City of Seattle makes a considerable profit by renting bikes to tourists who visit there from other cities.

シアトル市は他の都市からそこにやってくる観光客に自転車を貸すことによって、かなりの利益を得ています。

(A) which	関係代名詞の主格・目的格など
(B) who	関係代名詞の主格など
(C) when	関係副詞など
(D) where	関係副詞など

解説 正解への思考プロセス

 選択肢を確認 関係詞が並んでいることを確認

選択肢には関係詞（関係代名詞と関係副詞）が並んでいます。

 正解を絞り込む 関係詞の問題は前後を確認する

空所の前には人を表す先行詞 tourists「旅行者」、後ろには動詞 visit「～を訪れる」が続いています。

 正解を確定 関係代名詞の who は
「人（先行詞）＋ who ＋動詞」の語順になる

空所に入るのは、人を先行詞とする関係代名詞の主格である (B) の who です。
(A) which の前には物が先行詞として置かれるので本問では不正解、(C) when を関係副詞として使う場合は、先行詞は「時を表す表現」となります。(D) where を関係副詞として使う場合には、先行詞は「場所を表す表現」となります。

正解	B

● 文の要素を理解しよう

The City of Seattle / makes / a considerable profit

主語	動詞	目的語
シアトル市は	得ている	かなりの利益を

/ by renting / bikes / to tourists / who / visit / there

| 貸すことに よって | 自転車を | 観光客に | （その 観光客は） | 訪れる | そこを |

/ from other cities.

他の都市から

＊主格の関係代名詞 who の先行詞は tourists です。
＊visit は他動詞ですが there は副詞です。そのため there は文の要素である目的語とはしていません。ただし、there には「そこ」という意味の名詞としての使い方もあるため、visit there を他動詞＋目的語とする考え方もあります。

Chapter 1 一歩ずつ着実に──10問

Chapter 2

Chapter 3

Chapter 4

英語の語順で理解しよう ◁))025

The City of Seattle makes a considerable profit / by renting bikes
シアトル市はかなりの利益を得ている　自転車を観光客に貸すことによって

to tourists / who visit there / from other cities.
（その観光客は）そこを訪れる　他の都市から

GEAR UP! ◁))026

The City of Seattle makes a conside
tourists ------- visit there from other

(A) which
(B) who
(C) when
(D) where

1

本問では that も空所に入れることが可能。どの関係詞を使えばいいのかについては、この表のパターンを全て押さえておこう。

■ 関係詞一覧

先行詞	関係詞	後ろに続くもの
人	who	動詞＋α
人	whom	主語＋動詞＋α
物	which	動詞＋α / 主語＋動詞＋α
人 / 物	whose	（先行詞に所有される）名詞＋動詞＋α
人 / 物	that	動詞＋α / 主語＋動詞＋α
—	what	動詞＋α / 主語＋動詞＋α
時を表す表現	when	主語＋動詞＋α（完全な文）
場所を表す表現	where	主語＋動詞＋α（完全な文）

1. 目的格の関係代名詞 whom、後ろに主語＋動詞＋α が続く which/that（いずれも目的格の関係代名詞）は省略することができる。
2. 関係代名詞の what は先行詞を含んでおり、the thing(s) which に置き換え可能。
3. 関係副詞の where は先行詞を含む場合もあり、その場合は「～な場所」という意味になる。

□ Our new branch is close to where I live.

　私たちの新しい支店は私の住んでいる場所の近くにあります。

語句 □ branch 支店　□ be close to ～に近い

COLUMN 1冊の本を100%完璧に仕上げることを目標にする

「この問題集に載っている問題は全問解説をすることができる」、もしくは「この本のことだったら、自分は著者以上に詳しい」というレベルを目標に勉強していきましょう。

rable profit by renting bikes to cities.

2

by doing は「～することによって」という意味だが、「後ろに動詞の doing 形が続く」頻出表現 Best 6 は以下のとおり。まとめて押さえておくこと。

■後ろに直接動詞の doing 形が続く単語 Best 6

□ by doing	～することによって
□ before doing	～する前に
□ after doing	～した後で
□ when doing	～するときに
□ while doing	～する間に
□ since doing	～して以来

------- Herb Sip Life Outfitters will close its outlet on 52nd Avenue, their other stores will continue to operate as usual.

(A) Since
(B) Although
(C) However
(D) Notwithstanding

POINT

接続詞・前置詞・副詞が 選択肢に並んでいる問題の理解

頻出度 🔥🔥🔥

語句	
□ outfitter	アウトドア用品店
□ outlet	直販店
□ avenue	大通り
□ continue to do	～し続ける
□ operate	営業する
□ as usual	平常どおり

訳　Although Herb Sip Life Outfitters will close its outlet on 52nd Avenue, their other stores will continue to operate as usual.

Herb Sip Life Outfitters は 52 番街の直販店を閉店しますが、彼らの他の店舗は平常どおり営業を続けます。

(A) Since	～なので：接続詞
(B) Although	～だけれども：接続詞
(C) However	けれども：接続副詞
(D) Notwithstanding	～にもかかわらず：前置詞

解説 正解への思考プロセス

 選択肢を確認 **接続詞、前置詞、副詞が並ぶ問題は定番**

選択肢には接続詞と接続副詞、前置詞が並んでいます。このタイプの問題は問題文中にある節の数を必ず確認するようにします。

 正解を絞り込む **節が 2 つある場合は接続詞か関係詞が文中に必要**

カンマを境に問題文は 2 つの節から成っていることが分かるため、空所には節と節を繋ぐ接続詞が入ります。

 正解を確定 **接続詞の although は逆接を表す**

接続詞は (A) の Since「～なので、～して以来」と (B) の Although「～だけれども」の 2 つですが、最初の節は「ある店舗は閉店する」、2 つ目の節は「他の店舗は営業し続ける」という逆の内容なので、これらを繋いで文意が通るのは逆接の接続詞である (B) の Although です。

正解 **B**

> **文の要素を理解しよう**

Although / **Herb Sip Life Outfitters** / **will close** / **its outlet**
接続詞　　　　　　　　　　主語　　　　　　　　　　動詞　　　　　　目的語
～だけれども　Herb Sip Life Outfitters は　閉店する　その直販店を

/ on 52nd Avenue, / **their other stores** / **will continue**
　　　　　　　　　　　　　　主語　　　　　　　　　　動詞
52 番街にある　　　　彼らの他の店舗は　　　続ける

/ **to operate** / as usual.
目的語
営業することを　平常どおり

＊不定詞の名詞的用法である to operate を、ここでは will continue の目的語としています。

Chapter 1 一歩ずつ着実に――10問

Chapter 2

Chapter 3

Chapter 4

英語の語順で理解しよう ◁)) 028

Although Herb Sip Life Outfitters will close its outlet / on 52nd
　　　Herb Sip Life Outfitters は直販店を閉店するが　　　　52 番街にある

Avenue, / their other stores will continue to operate / as usual.
　　　　　　彼らの他の店舗は営業し続ける　　　　　　　　平常どおり

GEAR UP! ◁)) 029

-------- Herb Sip Life Outfitters will close
other stores will continue to operate as

(A) Since
(B) Although
(C) However
(D) Notwithstanding

2

although「〜だけれども」は「譲歩を表す接続詞」で、even though や though、even as、in spite of the fact that、despite the fact that などに置き換えることが可能。

□ Even though Lane only joined the company a few months ago, he is already playing a big role in our department.

Lane が入社したのはほんの数カ月前ですが、彼はすでに私たちの部署で大きな役割を果たしています。

語句　□ join 〜に加わる　□ a few 2、3 の　□ already すでに
　　　□ play a big role 大きな役割を果たす
　　　□ department 部署

1

continue は後ろに不定詞も動詞の doing 形も続く。不定詞が続く場合は「(動作や状態が)定期的に続く」ことを表し、動詞の doing 形が続く場合は「動作が一定期間連続で続く」ことを表す。

☐ We ensure that our products continue functioning efficiently for many years to come.

私たちは自社の製品がこれから長年にわたって効率よく機能し続けることを保証します。

語句 ☐ ensure 〜を保証する　☐ product 製品　☐ function 機能する
☐ efficiently 効率よく
☐ for many years to come これから長年にわたって

its outlet on 52nd Avenue, their usual.

3

however「けれども」は接続副詞。接続副詞は節と節を繋ぐことはできないので注意が必要。

4

「〜にもかかわらず」を表す前置詞(句)は、以下の 4 つをまとめて押さえておこう。

■「〜にもかかわらず」

☐ despite　　　　　　☐ notwithstanding
☐ in spite of　　　　 ☐ regardless of

☐ Our company's revenue increased, despite the current state of the economy.

現在の経済の状態にもかかわらず、当社の収益は増加しました。

語句 ☐ revenue 収益　☐ increase 増加する　☐ current 現在の
☐ state 状態　☐ economy 経済

Olive Babbles periodically publicizes its environmental preservation efforts in order to show its ------- to the well-being of the society.

(A) commits
(B) committed
(C) commitment
(D) committedly

POINT

代名詞の格の理解

頻出度 🔥🔥🔥

語句
□ periodically   定期的に
□ publicize   ～を公表する
□ environmental preservation 環境保護
□ in order to do   ～するために
□ well-being   幸福

訳　Olive Babbles periodically publicizes its environmental preservation efforts in order to show its commitment to the well-being of the society.

Olive Babbles は社会の幸福への献身を示すため、環境保護に尽力していることを定期的に公表しています。

□ commit   ～に献身する
　(A) commits   動詞の三人称単数現在形
　(B) committed   動詞の過去形、献身的な：形容詞
　(C) commitment   献身：名詞
　(D) committedly   献身的に：副詞

解説 正解への思考プロセス

 選択肢を確認 **典型的な品詞問題であると予想**

選択肢には動詞 commit「〜に献身する」の活用形や派生語が並んでいます。

正解を絞り込む **空所の前は代名詞の所有格、後ろは前置詞の to**

空所の前には代名詞の所有格 its「その」があり、後ろには to the well-being 「幸福への」が続いています。

 正解を確定 **所有格の後ろには名詞が続く**

代名詞の所有格の後ろには名詞が続くので、正解は (C) の commitment「献身」になります。

正解 C

文の要素を理解しよう

Olive Babbles / periodically publicizes / its environmental

主語　　　　　　　　　　動詞　　　　　　　　　目的語
Olive Babbles は　　　定期的に公表している　　環境保護に尽力していることを

preservation efforts / in order to show / its commitment

　　　　　　　　　　　　示すため　　　　　　献身を

/ to the well-being of the society.

　　　　　　社会の幸福への

＊periodically publicizes にある periodically は直後にある動詞 publicizes を修飾する
　副詞ですが、ここではこれらのカタマリをまとめて動詞としています。

英語の語順で理解しよう ◁》031

Olive Babbles periodically publicizes its environmental preservation
　　Olive Babbles は定期的に環境保護に尽力していることを公表している

efforts / in order to show its commitment / to the well-being of the
　　　　　　　献身を示すため　　　　　　　　　社会の幸福への

society.

GEAR UP! ◁》032

Olive Babbles periodically publicizes
efforts in order to show its ------- to

(A) commits
(B) committed
(C) commitment
(D) committedly

1

「〜に献身している、専念する」を表す表現は、以下の3つを押さえる。いずれも to の後ろには動詞の doing 形（もしくは名詞〈句〉）が続くということがポイント。

■ 〜に献身している、専念する

□ be committed to doing / 名詞 (句)
□ be dedicated to doing / 名詞 (句)
□ be devoted to doing / 名詞 (句)

□ Our department will create a new position for employees
　who are devoted to food sales.
　私たちの部署は食品の販売に専念する従業員のための新しいポジションを作る予定です。

語句　□ department 部署　□ create 〜を創造する　□ position ポジション
　　　□ employee 従業員　□ food sales 食品販売

COLUMN Part 5 の復習方法

1. 問題に正解することができ、それを解説できるようにする
2. 問題文を、文の要素ごとに分けられるようにする
3. 選択肢にある語の品詞が何なのか、動詞のどんな形なのかなどを説明できる ようにする
4. 問題文を訳すことができ、意味がとれるようにする
5. 知らない語句があった場合、それを覚えるようにする

its environmental preservation
the well-being of the society.

2

in order to do「〜するために」と in order that「〜するように」(that の後ろには節が続く)をセットで覚えておこう。なお、in order to do は so as to do に置き換えることもできる。

☐ In order to apply for this position, the candidates have to have a university degree in a relevant discipline.

この職に応募するためには、候補者は関連領域の学位を持っていなければなりません。

語句 ☐ apply for 〜に応募する ☐ position 職 ☐ candidate 候補者
☐ have to do 〜しなければならない ☐ university degree 学位
☐ relevant 関連する ☐ discipline 領域

☐ Our supervisor will send Mr. Oka in order that he may discuss the matter with the client.

私たちの上司は、問題をクライアントと話し合ってもらうために Oka さんを派遣するつもりです。

語句 ☐ supervisor 上司 ☐ discuss 〜について話し合う ☐ matter 問題
☐ client クライアント

問題番号	正解
1	B
2	C
3	A
4	A
5	D

問題番号	正解
6	B
7	C
8	B
9	B
10	C

■ SKILL CHECK 解答

No. 6 (43 ページ)

① B ② A ③ B ④ B ⑤ C ⑥ C ⑦ A ⑧ C ⑨ C ⑩ C

⑪ B ⑫ B ⑬ C

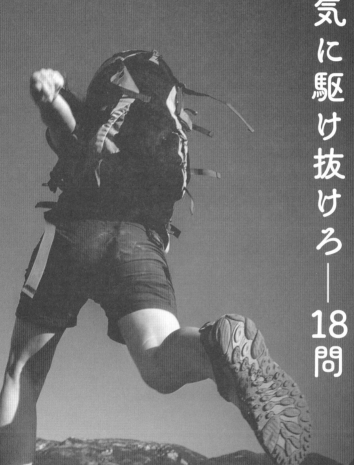

Chapter 2

一気に駆け抜けろ——18問

11. To adjust the contrast of the display, simply ------- the button on the left side of your laptop.

(A) press
(B) presses
(C) to press
(D) pressing

12. The gold label on the product is proof that it ------- passed Nut Roasters' rigorous quality control process.

(A) have
(B) has
(C) to have
(D) having

13. When Roberto Salinas joined Royal Bank of Mexico more than a decade ago, he didn't know even the first thing about -------.

(A) finance
(B) financial
(C) financially
(D) financed

14. Mia Ortiz ------- needs to be reminded to turn in her expense reports on time.

(A) continue
(B) continuous
(C) continuity
(D) continuously

15. Neither the bookstore on Regent Street ------- the one on Oxford Street carried the book Jayson needed for the course.

(A) and
(B) or
(C) nor
(D) yet

16. At G.R. Society.com, all transactions ------- via a secure server to protect customers against possible fraud.

(A) handle
(B) handled
(C) are handling
(D) are handled

17. It is no wonder Gabriel Costa became such an ------- business person since he graduated from the University of Hawaii with honors.

(A) exception
(B) exceptional
(C) exceptionally
(D) except

18. Douglas Noble was chosen over 16 other candidates because he had far better qualifications ------- any of them.

(A) but
(B) and
(C) while
(D) than

19. These documents are classified as confidential materials ------- cannot be shared with a third party.

(A) who
(B) whose
(C) that
(D) what

20. Many photographs are submitted to RCU Photo Contest each year, but only a select few will be displayed at the Toronto Museum as outstanding ------- of art.

(A) work
(B) works
(C) working
(D) worked

21. The participants in World Cycling Championships will be expected to follow a course that winds along terrain ------- steepness is the norm.

(A) which
(B) when
(C) where
(D) what

22. Mr. Lawrence prides ------- on the fact that his employees are always ready to receive their guests with a warm welcome and a smile.

(A) he
(B) his
(C) him
(D) himself

23. The news of the ------- of VCB Republic's Tanzania factory came as a surprise even to its veteran employees.

(A) closes
(B) closed
(C) to close
(D) closure

24. In our gym, it is the responsibility of ------- gym members to wipe down the equipment after use.

(A) all
(B) each
(C) every
(D) much

25. Henrietta Simon, the pop superstar from Toronto, brought her ------- music to the annual Coley Tech Festival yesterday.

(A) lives
(B) lived
(C) living
(D) lively

26. The ------- at Unite Shop Co. are required to fill in their timesheets every day in accordance with the handbook.

(A) employs
(B) employees
(C) employer
(D) employment

27. The designers argued against ------- the machine's design by including too many unnecessary features.

(A) complicatedly
(B) complicate
(C) complicated
(D) complicating

28. Of the 500 survey respondents, ------- expressed concerns over eating health food products manufactured by Umami Enterprises.

(A) none
(B) never
(C) neither
(D) nearly

To adjust the contrast of the display, simply ------- the button on the left side of your laptop.

(A) press
(B) presses
(C) to press
(D) pressing

POINT

命令文の理解

頻出度 🔥🔥🔥

語句		
□ adjust	～を調節する	
□ contrast	コントラスト	
□ display	ディスプレイ	
□ simply	単に～だけ	
□ button	ボタン	
□ laptop	ノートパソコン	

訳 To adjust the contrast of the display, simply press the button on the left side of your laptop.

ディスプレイのコントラストを調節するには、ノートパソコンの左横にあるボタンを単に押してください。

□ press	～を押す
(A) press	動詞の原形・現在形
(B) presses	動詞の三人称単数現在形
(C) to press	不定詞
(D) pressing	動名詞、現在分詞

解説 正解への思考プロセス

 選択肢を確認 動詞の活用形が並んでいる場合は 問題文に動詞があるかどうかを確認

選択肢には動詞 press「〜を押す」の活用形などが並んでいます。

 正解を絞り込む 不定詞は動詞ではない

問題文には動詞がないため (問題文の文頭にある To adjust は不定詞です)、空所には動詞が入ることが分かります。

 正解を確定 主語がない英文は命令文であると判断

問題文には動詞がないだけでなく主語もありません。主語のない文なのでこの文は命令文であると判断し、動詞の原形である (A) press「〜を押す」を空所に入れると文意が通ります。問題文前半の To から display までは、simply 以下の命令文を修飾する副詞句です。

正解 A

> **文の要素を理解しよう**

To adjust / the contrast of the display, / **simply press**
調節するためには　ディスプレイのコントラストを　　動詞 単に押してください

/ **the button** / on the left side / of your laptop.
目的語
ボタンを　　　　　左横にある　　あなたのノートパソコンの

＊simply press にある simply は直後にある動詞 press を修飾する副詞ですが、ここではこれらのカタマリをまとめて動詞としています。

英語の語順で理解しよう ◁)) 034

To adjust the contrast of the display, / simply press the button
ディスプレイのコントラストを調節するためには　　単にボタンを押してください

/ on the left side of your laptop.
あなたのノートパソコンの左横にある

GEAR UP! ◁)) 035

To adjust the contrast of the display,
simply ------- the button on the left side
of your laptop.

(A) press
(B) presses
(C) to press
(D) pressing

2

「ノートパソコン」は laptop
や notebook と表す。

1

命令文には主語がなく、動詞の原形から文を始
める。動詞の前に simply や please のような
副詞や間投詞が置かれることもしばしばある。
また、「～しないでください」という否定の意味
の命令文を作る場合には Don't から文を始め
るのが基本。

☐ Don't press the button.
　ボタンを押さないでください。

☑ SKILL CHECK!

次の文の空所を埋めましょう。

① 名詞の offer は「＿＿＿＿＿」という意味の不可算名詞、「＿＿＿＿＿」という意味の可算名詞としてよく使われる。

② so A that B は「とても A なので B だ」という構文で、A には ＿＿＿＿＿、B には ＿＿＿＿＿ が入る。

③ while doing は「＿＿＿＿＿」と「＿＿＿＿＿」のいずれかの意味で使われる。

④ frequent は「頻繁な」という意味の形容詞としてだけでなく「＿＿＿＿＿」という意味の他動詞としても使われる。

⑤ sell は「～を売る」という他動詞としてだけでなく「（主語が）＿＿＿＿＿」という自動詞としての使い方もある。

解答は 140 ページへ
間違えたら 23、30、34、39、47 ページをもう一度チェックしよう。

The gold label on the product is proof that it -------
passed Nut Roasters' rigorous quality control
process.

(A) have
(B) has
(C) to have
(D) having

POINT

主述の一致の理解、
時制の理解

頻出度 🔥🔥🔥

語句		
□ label		ラベル
□ product		商品
□ proof		証拠
□ pass		（試験などに）合格する
□ rigorous		厳しい
□ quality control		品質管理
□ process		過程

訳 The gold label on the product is proof that it has passed Nut
Roasters' rigorous quality control process.

商品上にある金色のラベルは、その商品が Nut Roasters 社の厳しい品質管理
過程を通り抜けた証です。

(A) have	動詞（助動詞）の原形・現在形
(B) has	動詞（助動詞）の三人称単数現在形
(C) to have	不定詞
(D) having	動名詞、現在分詞

解説 正解への思考プロセス

 選択肢を確認 動詞の活用形が並んでいる場合は
問題文に動詞があるかどうかを確認

選択肢には動詞 have「〜を持っている」の様々な形が並んでいます。

 正解を絞り込む 空所は過去分詞の前 → 現在完了形を
成立させればいいのではと考える

空所の前には1つ目の節と接続詞の that、そして2つ目の節の主語になる it「それは」があり、後ろには過去形もしくは過去分詞である passed があります。また、最初の節の動詞は現在形の be 動詞 is です。

 正解を確定 主語と動詞を正しく一致させる＋時制も考慮する

have の活用形が選択肢に並んでいることから、「空所＋ passed」を現在完了形にすれば良いのではと考え、主語の it（三人称単数）に合う (B) の has を正解として選べば文意も通ります。

正解　B

文の要素を理解しよう

The gold label on the product / **is** / **proof** / | that |
　　　　主語　　　　　　　　　　　動詞　　補語　　接続詞
商品の上にあるその金色のラベルは　（＝）証拠だ　（何の証拠
　　　　　　　　　　　　　　　　　　　　　　　かというと）

/ **it** / **has passed** / **Nut Roasters' rigorous quality control**
　主語　　動詞　　　　　　　　　　　目的語
それは　通り抜けた　　　　Nut Roasters 社の厳しい品質管理過程を

process.

英語の語順で理解しよう 🔊 037

The gold label on the product is proof / that it has passed
　　商品の上にあるその金色のラベルは証拠だ

Nut Roasters' rigorous quality control process.
（何の証拠かというと）それが Nut Roasters 社の厳しい品質管理過程を通り抜けた

GEAR UP! 🔊 038

The gold label on the product is proof
rigorous quality control process.

(A) have

(B) has

(C) to have

(D) having

3

現在完了形（have ＋ 過去分詞）で使われている
have は助動詞扱いであるが、have ＋ 過去分詞のカ
タマリを動詞だと考えればよい。

①

本問にある that は接続詞なので、後ろには「完全な文」が続いている。関係代名詞の that の場合は、後ろに主語か目的語のいずれかが欠けている「不完全な文」が続く。

■ 接続詞の that を使った文

□ Elmer announced that he will retire from his post in the near future.

Elmer さんは近い将来彼の職から身を引くということを発表しました。

語句 □ announce ～を発表する　□ retire from ～から身を引く
　　　□ post 職　□ in the near future 近い将来

■ 関係代名詞の that を使った文

□ Desiree said this was the best book that she had ever read.

Desiree は、今までに読んだ本の中でこれが一番良い本だと言いました。

that it ------- passed Nut Roasters'

②

quality は名詞としては「品質」、形容詞としては「質の良い」という意味で使われる。対義語は quantity「量」だが、こちらは基本的に名詞としてのみ使われる。

□ We ensure that our quality products remain consistent.

当社の質の良い製品は一貫して変わらないことを私たちは保証します。

語句 □ ensure ～を保証する　□ product 製品
　　　□ remain ～のままである　□ consistent 一貫性のある

□ Ms. Robinson had to tell the new employee the quantity of materials.

Robinson さんは新しい従業員に素材の量を教えなければなりませんでした。

語句 □ have to do ～しなければならない　□ employee 従業員
　　　□ material 素材

When Roberto Salinas joined Royal Bank of Mexico more than a decade ago, he didn't know even the first thing about -------.

(A) finance
(B) financial
(C) financially
(D) financed

前置詞＋名詞のパターンの理解

頻出度 🔥🔥🔥

語句		
□ join	～に加わる	
□ more than	～以上	
□ decade	10年	
□ the first thing about	～についての基本的なこと	

訳 When Roberto Salinas joined Royal Bank of Mexico more than a decade ago, he didn't know even the first thing about finance.

Roberto Salinas が Royal Bank of Mexico に 10 年以上前に入社したとき、彼は財務についての基本的なことすら知りませんでした。

□ finance	財務、～を融資する
(A) finance	名詞、動詞の原形・現在形
(B) financial	財政の：形容詞
(C) financially	財政的に：副詞
(D) financed	動詞の過去形、過去分詞

解説 正解への思考プロセス

 選択肢を確認 finance の派生語が並んでいることを確認

選択肢には名詞 finance「財務」の派生語などが並んでいます。

 正解を絞り込む 空所の前に前置詞

空所の前には前置詞の about「〜について」があります。

 正解を確定 前置詞の後ろには名詞が続く

空所は前置詞の後ろにあるので、そこには名詞が入ることが分かります。よって、正解は (A) の finance「財務」です。

正解 A

文の要素を理解しよう

When	/ Roberto Salinas	/ joined	/ Royal Bank of Mexico
接続詞	主語	動詞	目的語
〜したとき	Roberto Salinas が	入社した	Royal Bank of Mexico に

/ more than a decade ago, / **he** / **didn't know** / **even the first**

	主語	動詞	目的語
10年以上前に	彼は	知らなかった	基本的なことさえ

thing / about finance.

財務についての

COLUMN 「目の前のことに集中」する

今まさに手にしている本、問題、音声に全力で集中するということ。これを続けていけば、やってきたことの効果を感じる瞬間がある日必ず訪れます。

英語の語順で理解しよう ◁)) 040

When Roberto Salinas joined Royal Bank of Mexico
Roberto Salinas が Royal Bank of Mexico に入社したとき

/ more than a decade ago, / he didn't know even the first thing
10年以上前に　　　　　　　　　彼は基本的なことさえ知らなかった

/ about finance.
財務についての

GEAR UP! ◁)) 041

When Roberto Salinas joined Royal
a decade ago, he didn't know even

(A) finance
(B) financial
(C) financially
(D) financed

2

decade は「10 年」、decades は「数十年」という意味。

☐ Next month our company will be celebrating its third decade in business.
来月当社は創業 30 周年を祝うことになっています。

語句 ☐ celebrate ～を祝う
☐ third decade 30 周年

☐ Mr. Onishi started working for the college decades ago.
Onishi さんはその大学で数十年前に働き始めました。

語句 ☐ start doing ～し始める　☐ work for ～で働く
☐ college 大学　☐ decades ago 数十年前に

1

more than「~以上」は over に言い換えることができる。

☐ Hellen has been playing the piano for more than three hours.

☐ Hellen has been playing the piano for over three hours.

Hellen は 3 時間以上ピアノを弾き続けています。

語句 ☐ have been doing ずっと~し続けている

Bank of Mexico more than the first thing about -------.

3

even は「~でさえも」という強調を表し、本問のように後ろに続く名詞（句）を修飾することができる。

☐ Even Mr. Jordan couldn't pass the exam.

Jordan さんでさえその試験に合格することはできませんでした。

語句 ☐ pass ~に合格する ☐ exam 試験

4

finance は名詞としてだけでなく、「~を融資する」という意味の動詞としても使われる。

Mia Ortiz ------- needs to be reminded to turn in her expense reports on time.

(A) continue
(B) continuous
(C) continuity
(D) continuously

POINT

副詞が動詞を前から修飾する パターンの理解

頻出度 🔥🔥🔥

語句
□ need to do	~する必要がある
□ remind	~に思い出させる
□ turn in	~を提出する
□ expense report	経費報告書
□ on time	時間どおりに

訳 Mia Ortiz continuously needs to be reminded to turn in her expense reports on time.

Mia Ortiz には時間どおりに経費報告書を提出するように、常に言い続ける必要があります。

(A) continue	~を続ける：動詞の原形・現在形
(B) continuous	連続した：形容詞
(C) continuity	連続：名詞
(D) continuously	絶え間なく：副詞

解説 正解への思考プロセス

 選択肢を確認 continue の派生語を使った品詞問題

選択肢には動詞 continue「〜を続ける」の派生語が並んでいます。

 正解を絞り込む 空所の前は主語、後ろは動詞

空所の前には主語の Mia Ortiz、後ろには動詞句（動詞の働きをするカタマリ）の needs to be reminded「思い出させられる必要がある」が続いています。

 正解を確定 動詞を前から修飾するのは副詞

動詞句の前に空所がある場合、正解候補は副詞になります。(D) の副詞 continuously「絶え間なく」を空所に入れると continuously needs to be reminded「常に（主語に）言い続ける必要がある」となり文意が通ります。

正解 D

● **文の要素を理解しよう**

Mia Ortiz / continuously needs / to be reminded / to turn in
主語　　　　　　　動詞　　　　　　　　目的語
Mia Ortiz は　　常に必要とする　　思い出させられることを　提出する
　　　　　　　　　　　　　　　　　　　　　　　　　　　　　ように

/ her expense reports / on time.
経費報告書を　　　時間どおりに

＊continuously needs は副詞＋動詞ですが、ここではこれらをまとめて動詞としています。
＊ここでは to be reminded は不定詞の名詞的用法であるとし、needs の目的語であるとしています（解説では need to be reminded を一つの動詞句というカタマリとしています）。
＊turn in は句動詞（動詞＋副詞、または動詞＋前置詞によって構成され、まとまって1つの動詞のように機能するフレーズのこと）として機能する表現なので、ここでは in の後ろにスラッシュを入れて区切っています。

Chapter 1

Chapter 2 | 気に駆け抜けろ——18問

Chapter 3

Chapter 4

解説 正解への思考プロセス

選択肢を確認 continue の派生語を使った品詞問題

選択肢には動詞 continue「〜を続ける」の派生語が並んでいます。

正解を絞り込む 空所の前は主語、後ろは動詞

空所の前には主語の Mia Ortiz、後ろには動詞句（動詞の働きをするカタマリ）の needs to be reminded「思い出させられる必要がある」が続いています。

正解を確定 動詞を前から修飾するのは副詞

動詞句の前に空所がある場合、正解候補は副詞になります。(D) の副詞 continuously「絶え間なく」を空所に入れると continuously needs to be reminded「常に（主語に）言い続ける必要がある」となり文意が通ります。

正解 D

● 文の要素を理解しよう

Mia Ortiz / continuously needs / to be reminded / to turn in

主語 Mia Ortiz は　動詞 常に必要とする　目的語 思い出させられることを　提出するように

/ her expense reports / on time.

経費報告書を　時間どおりに

＊continuously needs は副詞＋動詞ですが、ここではこれらをまとめて動詞としています。
＊ここでは to be reminded は不定詞の名詞的用法であるとし、needs の目的語であるとしています（解説では need to be reminded を一つの動詞句というカタマリとしています）。
＊turn in は句動詞（動詞＋副詞、または動詞＋前置詞によって構成され、まとまって1つの動詞のように機能するフレーズのこと）として機能する表現なので、ここでは in の後ろにスラッシュを入れて区切っています。

Chapter 1

Chapter 2 | 気に駆け抜けろ——18問

Chapter 3

Chapter 4

英語の語順で理解しよう 🔊 043

Mia Ortiz continuously needs to be reminded / to turn in her
　　　　Mia Ortiz には常に言い続ける必要がある　　　経費報告書を提出するように

expense reports / on time.
　　　　　　　　　時間どおりに

GEAR UP! 🔊 044

Mia Ortiz ------- needs to be reminded

(A) continue
(B) continuous
(C) continuity
(D) continuously

1

remind「〜に思い出させる」は remind A of B「A に B を思い出させる」の形でよく使われる。スマホなどに付いているリマインダー機能は「思い出させる機能」という意味。また、remind someone that 主語＋動詞「人に〜を思い出させる」の形でも使われる。

□ I forgot to remind you that 8th Street is under construction this week.

今週 8 番街は工事中だということをあなたに伝え忘れていました。

語句 □ forget to do 〜することを忘れる
　　　□ under construction 工事中

to turn in her expense reports on time.

2

「〜を提出する」は turn in、submit、file、hand in など、様々な表現がある。

☐ You have to submit the sales report by the end of the week.

☐ You have to file the sales report by the end of the week.

あなたは売上報告書を週末までに提出しなくてはいけません。

語句 ☐ have to do 〜しなければならない
☐ sales report 売上報告書
☐ by the end of 〜の終わりまでに

Neither the bookstore on Regent Street ------- the one on Oxford Street carried the book Jayson needed for the course.

(A) and
(B) or
(C) nor
(D) yet

POINT

相関接続詞の使い方の理解

頻出度 🔥🔥🔥

語句	□ bookstore	書店
	□ carry	〜を扱っている、在庫として持っている
	□ course	講座

訳 Neither the bookstore on Regent Street nor the one on Oxford Street carried the book Jayson needed for the course.

リージェント・ストリートにある書店にも、オックスフォード・ストリートにある書店にも、Jayson が講座で必要とする本は置かれていませんでした。

(A) and	〜と…：接続詞
(B) or	〜か…：接続詞
(C) nor	(neither A nor B の形で)A でも B でもない：接続詞
(D) yet	まだ・今までの中で：副詞、けれども：接続詞

選択肢を確認 相関接続詞の一部として使われるものが並んでいることを確認

選択肢には接続詞と副詞が並んでいます。

 正解を絞り込む neither は相関接続詞

文頭には相関接続詞の Neither があることを確認します。

 正解を確定 neither A nor B のパターンであると確信し、文意を確認して正解を確定

問題の文頭にある Neither とセットになって neither A nor B「A でも B でも〜ない」という意味を表す (C) が正解です。(A) の and は both A and B「A と B の両方」や A and B alike「A も B も同様に」、(B) の or は either A or B「A か B のどちらか」という表現を作ります。上記に挙げたような接続詞（語〈句〉がペアになって一つの表現を作る）を相関接続詞と呼びます。

正解　C

文の要素を理解しよう

Neither the bookstore on Regent Street nor the one on
　　　　　　　　　　　　　　　　　主語
リージェント・ストリートにある書店もオックスフォード・ストリートにある書店も

Oxford Street / carried / the book / Jayson / needed / for
　　　　　　　　動詞　　　　目的語
　　　　　　　扱っていな　　その本を　　Jayson が　必要とした
　　　　　　　かった

the course.

講座のために

* 主語は neither A nor B を含む表現なので非常に長くなっています。

* 主語には否定表現の Neither が含まれていますが、理解しやすいよう主語には否定の訳を入れず、動詞 carreied の訳を否定にしてあります。

* the book を先行詞とする関係代名詞の目的格（which や that）が、the book と Jayson の間に省略されていると考えてください。

英語の語順で理解しよう ◁)) 046

Neither the bookstore on Regent Street nor the one on Oxford Street
リージェント・ストリートにある書店もオックスフォード・ストリートにある書店も

/ carried the book / Jayson needed for the course.
その本を扱っていなかった　Jayson が講座のために必要とした

1

必ず覚えておきたい相関接続詞一覧

- ☐ either A or B　AかBのどちらか
- ☐ both A and B　AとBの両方
- ☐ not A but B　AではなくB
- ☐ not only A but also B　AだけでなくBも
- ☐ neither A nor B　AでもBでもない
- ☐ A and B alike　AもBも同様に

- ☐ This fee includes both transportation and accommodation.
  この料金には交通費と宿泊費の両方が含まれています。

語句 ☐ fee 料金　☐ include ～を含む　☐ transportation 交通
　　 ☐ accommodation 宿泊

GEAR UP! ◁)) 047

Neither the bookstore on Regent Street
------ the one on Oxford Street carried
the book Jayson needed for the course.

(A) and
(B) or
(C) nor
(D) yet

2

carryは「～を運ぶ」だけでなく、本問の
ように「～を店に置く、扱っている」という
意味で使われるということも押さえておく
こと。

- ☐ I'm sorry, we don't carry that
  brand.
  申し訳ありませんが、当店ではそのブランドは
  扱っておりません。

語句 ☐ brand ブランド

✍ SKILL CHECK!

次の英文の空所を埋めましょう。

① All employees are _____ to wear business attire when meeting clients.

全ての従業員は、顧客に会う際は仕事用の服装を着用することを求められます。

② Kosuke is considering _____ to Australia on vacation.

Kosuke は休暇でオーストラリアに行くことを考えています。

③ Judging _____ the title of the movie, it looks very interesting.

その映画のタイトルから判断すると、それは非常に面白そうに思えます。

④ Their well-established client base consists of more than 500 corporations.
= Their well-established client base consists of _____ 500 corporations.

彼らの安定した顧客層は 500 以上の企業から構成されています。

⑤ Our new branch is close to _____ I live.

私たちの新しい支店は私の住んでいる場所の近くにあります。

⑥ Our supervisor will send Mr. Oka in _____ that he may discuss the matter with the client.

私たちの上司は、問題をクライアントと話し合ってもらうために Oka さんを派遣するつもりです。

解答は 140 ページへ
間違えたら 27、35、42、46、50、59 ページをもう一度チェックしよう。

At G.R. Society.com, all transactions ------- via a secure server to protect customers against possible fraud.

(A) handle
(B) handled
(C) are handling
(D) are handled

POINT

態の理解

頻出度 🔥🔥🔥

語句		
□ transaction	取引	
□ via	～を経由して	
□ secure	安全な	
□ server	サーバー	
□ protect A against B	A を B から守る	
□ customer	客	
□ possible	起こり得る	
□ fraud	詐欺	

訳 At G.R. Society.com, all transactions are handled via a secure server to protect customers against possible fraud.

G.R. Society.com では、起こり得る詐欺からお客様をお守りするため、全ての取引は安全なサーバーを通して行われています。

□ handle	～を取り扱う
(A) handle	動詞の原形、現在形
(B) handled	動詞の過去形、過去分詞
(C) are handling	現在進行形
(D) are handled	現在形の受動態

解説　正解への思考プロセス

 選択肢を確認 時制や態などの問題であることを確認

選択肢には動詞 handle「〜を取り扱う」の活用形や進行形、受動態が並んでいます。

 正解を絞り込む 空所に動詞が入る＋後ろに目的語がない

空所の前には問題文の主語となる all transactions「全ての取引」があり、後ろには前置詞の via「〜を経由して」が続いています。

 正解を確定 受動態の後ろには目的語は続かない

handle は他動詞なので、能動態で使う場合には後ろには目的語となる名詞が続きます。空所の後ろには目的語がないので、正解は受動態の (D) are handled「取り扱われている」になります。(A) 〜 (C) はいずれも能動態なので、後ろには必ず目的語が必要です。

正解　D

文の要素を理解しよう

At G.R. Society.com, / **all transactions** / **are handled**

G.R. Society.com では　　　　全ての取引は　　　　取り扱われている
　　　　　　　　　　　　　　　　(主語)　　　　　　　　(動詞)

/ via a secure server / to protect / customers / against possible

　安全なサーバーを通して　　守るために　　　客を　　　起こり得る詐欺から

fraud.

＊ここでは are handled のような受動態のカタマリを動詞としています。

英語の語順で理解しよう 🔊 049

At G.R. Society.com, / all transactions are handled
G.R. Society.com では　　全ての取引は取り扱われている

/ via a secure server / to protect customers against possible fraud.
安全なサーバーを通して　　　起こり得る詐欺から客を守るために

GEAR UP! 🔊 050

At G.R. Society.com, all transactions
_____ protect customers against possible _____

(A) handle
(B) handled
(C) are handling
(D) are handled

2

protect A against B は「A を B から守る」という意味のフレーズで、protect A from B に言い換えることができる。

☐ This cream protects your skin against being damaged by the sun.

☐ This cream protects your skin from being damaged by the sun.

このクリームは太陽によるダメージを受けることからあなたのお肌を守ります。

語句 ☐ skin 肌　☐ be damaged ダメージを受ける
☐ sun 太陽

COLUMN 合格も不合格もない

TOEIC は「合格」「不合格」の2択ではなく、各自の状況にあわせて目標スコアの設定をすることができます。決して学習者にとって「易しい」テストではありませんが、「優しい」テストだと僕は思うのです。

------- via a secure server to
fraud.

1

via は「〜を経由して、用いて」という意味の前置詞で、by way of に言い換えることが可能。

☐ All stays at our hotel come with airport pickup via our private shuttle service.

☐ All stays at our hotel come with airport pickup by way of our private shuttle service.

私共のホテルへの宿泊には、専用のシャトルサービスでの空港への送迎が付いてきます。

語句 ☐ come with 〜が付いてくる
☐ airport pickup 空港への送迎
☐ private shuttle service 専用のシャトルサービス

It is no wonder Gabriel Costa became such an
------- business person since he graduated from the
University of Hawaii with honors.

(A) exception
(B) exceptional
(C) exceptionally
(D) except

POINT

形容詞が名詞を前から修飾する
パターンの理解

頻出度 🔥🔥🔥

語句		
□ it is no wonder (that)	〜は当然である	
□ such	そのような	
□ business person	実業家	
□ since	〜なので	
□ graduate from	〜を卒業する	
□ (graduate) with honors	優秀な成績で (卒業する)	

訳   It is no wonder Gabriel Costa became such an exceptional business
person since he graduated from the University of Hawaii with
honors.

Gabriel Costa はハワイ大学を優秀な成績で卒業したので、彼がそのような優れ
た実業家になったことは当然のことです。

(A) exception	例外、除外：名詞
(B) exceptional	優れた、例外的な：形容詞
(C) exceptionally	並外れて：副詞
(D) except	〜を除く：動詞の原形・現在形

解説 正解への思考プロセス

選択肢を確認 動詞の活用形が並んでいる場合は問題文に動詞があるかどうかを確認

選択肢には動詞 except「～を除く」の派生語などが並んでいます。

正解を絞り込む 空所の前にある such an と後ろにある business person がポイント

空所の前には such an「そのような～」があり、後ろには複合名詞の business person「実業家」があります。

正解を確定 「such a/an ＋形容詞＋名詞」は「そのような形容詞な名詞」

複合名詞を前から修飾し、なおかつ文意も通るのは、形容詞の (B) exceptional「優れた」です。such an exceptional business person は「そのような優れた実業家」という意味です。

正解　**B**

文の要素を理解しよう

It / is / no wonder / Gabriel Costa / became / such an
主語 動詞　　補語　　　　　　主語　　　　　動詞
それ（＝）　当然のことだ　Gabriel Costa が　　なった
は

exceptional business person / since / he / graduated
　　　　補語　　　　　　　接続詞　主語　　動詞
そのような優れた実業家に　～なので 彼は　卒業した

/ from the University of Hawaii / with honors.

　　　　　ハワイ大学を　　　　　　　　優秀な成績で

＊ wonder の後ろには接続詞の that が省略されていると考えてください。

英語の語順で理解しよう ◁))052

It is no wonder / Gabriel Costa became such an exceptional
それは当然のことだ　　Gabriel Costa がそのような優れた実業家になった

business person / since he graduated from the University of Hawaii
彼はハワイ大学を卒業したので

/ with honors.
優秀な成績で

GEAR UP! ◁))053

It is no wonder Gabriel Costa
since he graduated from the

(A) exeption
(B) exceptional
(C) exceptionally
(D) except

2

接続詞の since は「〜して以来」だけでなく「〜なので」という理由も表す。また、since は「〜以来」という意味の前置詞としても使われる。

□ Karla has run the security department since last month.
Karla は先月から警備部長を担当しています。

語句 □ run 〜を運営する　□ security department 警備部

□ Since our CEO will visit our office this afternoon, please be sure to reduce the clutter around your workspace.
今日の午後に CEO が私たちのオフィスを訪れるので、仕事場の周りを片付けるようにしてください。

語句 □ be sure to do 必ず〜する　□ reduce 〜を減らす
　　　□ clutter 散乱物　□ around 〜の周りの
　　　□ workplace 仕事場

<u>COLUMN</u> 努力が結果に変わる

努力が結果に変わったとき、「私はやりとげた」「自分にもできた」という大きな自信が生まれます。それが次のステップに向かうための、大きな原動力となるのです。

became such an ------- business person
University of Hawaii with honors.

1

such（a/an）＋形容詞＋名詞は「そのような形容詞な名詞」という意味を表し、such a beautiful day「そのような天気の良い日」のように使う。名詞が単数形の場合には such の後ろに冠詞の a/an を置くようにする。語順に注意すること。

☐ Pavic said that he had such a good time at Tokyo Dome.

Pavic は東京ドームで非常に素晴らしいひとときを過ごせたと言いました。

語句 ☐ such a good time そんなにも素晴らしいひととき

Douglas Noble was chosen over 16 other candidates because he had far better qualifications ------- any of them.

(A) but
(B) and
(C) while
(D) than

POINT

比較の理解

頻出度 🔥🔥🔥

語句　□ be chosen over　～に優先して選ばれる
　　　□ candidate　　　　候補者
　　　□ far better　　　　はるかに良い
　　　□ qualification　　　資質

訳　Douglas Noble was chosen over 16 other candidates because he had far better qualifications than any of them.

Douglas Noble は他の誰よりもはるかに良い資質を持っていたので、他の 16 人の候補者に優先して選ばれました。

(A) but	しかし：接続詞
(B) and	そして：接続詞
(C) while	～する間：接続詞
(D) than	～より：接続詞

選択肢は全て接続詞であることを確認

選択肢には接続詞が並んでいます。

 far better は「比較級を強める表現＋比較級」

空所の前には far better qualifications「はるかに良い資質」という、比較級を強める表現と比較級があります。

 比較級と共に使うのは than

比較級と共に使い、後ろに比較の対象が続くのは、(D) の than「～より」です。

正解 **D**

文の要素を理解しよう

Douglas Noble / **was chosen** / over 16 other candidates
　　主語　　　　　　　　動詞
　Douglas Noble は　　　選ばれた　　　他の 16 人の候補者に優先して

/ because / **he** / **had** / **far better qualifications**
　接続詞　　主語　動詞　　　　　目的語
　～なので　彼は　持って　　　　はるかに良い資質を
　　　　　　　　　いた

/ than any of them.

　　彼らの誰よりも

＊ここでは was chosen のような受動態のカタマリを動詞としています。

COLUMN TOEIC 対策教材だけで夢はかなう

学習素材は TOEIC 対策専用の教材だけで必要十分です。目標スコアが何点であろうと、そこは変わりません。色々な教材に手を出す必要はありません。

英語の語順で理解しよう ◁))) 055

Douglas Noble was chosen / over 16 other candidates
　Douglas Noble は選ばれた　　　　他の16人の候補者に優先して

/ because he had far better qualifications / than any of them.
　　彼ははるかに良い資質を持っていたので　　　　彼らの誰よりも

GEAR UP! ◁))) 056

Douglas Noble was chosen over 16 other
candidates because he had far better
qualifications ------- any of them.

(A) but
(B) and
(C) while
(D) than

1

比較級を強める far「はるかに、とても」が本問では使われているが、
同じように比較級を強める副詞をまとめて覚えておこう。訳は文脈に
合わせて柔軟に考えること。

■比較級を強める副詞「はるかに、とても」

□ far　　　　□ considerably　　□ a great deal
□ much　　　□ a lot　　　　　　□ a good deal

□ Our product is much better than those of our competitors.
　当社の製品は競合他社の製品よりもはるかに素晴らしいです。

語句 □ product 製品　□ competitor 競合他社

■比較級を強める副詞「ずっと、いっそう」

□ even　　□ yet　　□ still

□ The work that he created was good, but Bradshaw's
was still better than his.
　彼の作った作品は良かったですが、Bradshaw の作品は彼の作品よりもずっと素
　晴らしかったです。

語句 □ work 作品　□ create 創作する

☑ SKILL CHECK!

①「〜に献身している、専念する」を表す3つの表現を
　完成させましょう。

　・ be ＿＿＿＿＿＿ to doing / 名詞（句）
　・ be ＿＿＿＿＿＿ to doing / 名詞（句）
　・ be ＿＿＿＿＿＿ to doing / 名詞（句）

②「〜を提出する」を表す4つの表現を答えましょう。

　・ ＿＿＿＿＿＿
　・ ＿＿＿＿＿＿
　・ ＿＿＿＿＿＿
　・ ＿＿＿＿＿＿

解答は140ページへ
間違えたら58、83ページをもう一度チェックしよう。

These documents are classified as confidential
materials ------- cannot be shared with a third party.

(A) who
(B) whose
(C) that
(D) what

POINT

関係代名詞の使い方の理解

頻出度 🔥🔥🔥

語句
□ document	書類
□ be classified as	～に分類される
□ confidential	機密の
□ be shared with	～に共有される
□ third party	第三者

訳 These documents are classified as confidential materials that
cannot be shared with a third party.

これらの書類は第三者と共有することのできない機密資料に分類されています。

(A) who	関係代名詞の主格
(B) whose	関係代名詞の所有格
(C) that	関係代名詞の主格・目的格
(D) what	先行詞を含んだ関係代名詞 (= the thing(s) which)

解説 正解への思考プロセス

 選択肢を 確認 **関係代名詞が並んでいることを確認**

選択肢には関係代名詞が並んでいます。

 正解を 絞り込む **先行詞は「物」、後ろは動詞**

空所の前には confidential materials「機密資料」、後ろには動詞句の cannot be shared with「〜とは共有できない」が続いています。

 正解を 確定 **「物＋主格の関係代名詞 that ＋動詞」の流れを作る**

空所の前にある confidential materials を先行詞とし、なおかつ後ろに続く動詞句の前に置けるのは主格の関係代名詞です。(A) の who と (C) の that が主格の関係代名詞ですが、who は先行詞が人のときのみ使うことができるため、正解は that になります。

正解 C

● 文の要素を理解しよう

These documents / are classified / as confidential materials
　　主語　　　　　　　　動詞
　これらの書類は　　　分類されている　　　　　機密資料として

/ that cannot be shared / with a third party.

（どんな機密資料かというと）　　　第三者と
　　共有することのできない

＊ここでは are classified のような受動態のカタマリを動詞としています。
＊主格の関係代名詞 that の先行詞は confidential material です。

英語の語順で理解しよう ◁») 058

These documents are classified / as confidential materials
これらの書類は分類されている　　　　　　機密資料として

/ that cannot be shared / with a third party.
共有することのできない　　　　第三者と

GEAR UP! ◁») 059

These documents are classified as
confidential materials ------- cannot be
shared with a third party.

(A) who
(B) whose
(C) that
(D) what

1

party は「パーティ (社交的な会合)」という意味でよく使われるが、他にも「団体」や「関係者」という意味でも使われることを押さえておくこと。

☐ The information in this form will be shared with
select third parties.

このフォームにある情報は特定の第三者に共有されます。

語句 ☐ information 情報　☐ select 特定の

☑ SKILL CHECK!

次の単語の意味を答えましょう。

① candidate [　　　　　]
② interact with [　　　　　]
③ department [　　　　　]
④ initially [　　　　　]
⑤ notorious [　　　　　]
⑥ considerable [　　　　　]
⑦ ensure [　　　　　]
⑧ revenue [　　　　　]
⑨ laptop [　　　　　]
⑩ decade [　　　　　]

解答は 140 ページへ
間違えたら 24、26、32、36、48、55、68、76 ページをもう一度チェックしよう。

Many photographs are submitted to RCU Photo Contest each year, but only a select few will be displayed at the Toronto Museum as outstanding ------- of art.

(A) work
(B) works
(C) working
(D) worked

POINT

名詞の単数形 vs 複数形の理解

頻出度 🔥🔥🔥

語句	
□ photograph	写真
□ be submitted to	～に提出される
□ each year	毎年
□ select	厳選された
□ be displayed	展示される
□ museum	博物館
□ as	～として
□ outstanding	傑出した

訳 Many photographs are submitted to RCU Photo Contest each year, but only a select few will be displayed at the Toronto Museum as outstanding works of art.

たくさんの写真が毎年 RCU 写真コンテストに送られてきますが、厳選された数作品だけがトロント博物館に傑出した芸術作品として展示されます。

□ work	働く、作品
(A) work	可算名詞の単数形、動詞の原形・現在形
(B) works	可算名詞の複数形、動詞の三人称単数現在形
(C) working	動名詞、現在分詞
(D) worked	動詞の過去形、過去分詞

選択肢を確認 work には「作品」という名詞としての意味もある

選択肢には動詞 work「働く」の様々な形が並んでいます。また、work は「作品」という意味の名詞としてもよく使われます。

 正解を絞り込む 空所の前には前置詞の as ＋形容詞の outstanding がある

空所の前には前置詞の as「〜として」と形容詞の outstanding「傑出した」、後ろには前置詞の of と名詞の art「芸術」が続いています。

 正解を確定 「outstanding ＋空所」が名詞句 → 名詞句の最後には名詞が来るのが基本

前置詞の後ろには名詞句が続くため、空所には名詞が入ることが分かります。つまり、as の後ろに続く「outstanding ＋空所」が名詞句となります。名詞句の最後には基本的に名詞が来るということを押さえておいてください。名詞は (A) の work「作品：単数形」と (B) の works「作品：複数形」ですが、「outstanding ＋空所」の前には単数形の前に必要である冠詞や代名詞の所有格などがないため、空所には複数形が入ります。よって、正解は (B) です。

正解 **B**

文の要素を理解しよう

Many photographs / are submitted / to RCU Photo Contest

主語　　　　　　　　　　動詞
たくさんの写真が　　　　送られてくる　　　　RCU 写真コンテストに

/ each year, / but / only a select few / will be displayed

　　　　　　接続詞　　　　主語　　　　　　　動詞
毎年　　　しかし　厳選された数作品だけが　　展示される

/ at the Toronto Museum / as outstanding works of art.

　　　トロント博物館に　　　　　　　傑出した芸術作品として

＊ここでは are submitted や will be displayed のような受動態のカタマリを動詞としています。

英語の語順で理解しよう ◁)) 061

Many photographs are submitted / to RCU Photo Contest each year,
　　たくさんの写真が送られてくる　　　　　　毎年 RCU 写真コンテストに

/ but only a select few will be displayed / at the Toronto Museum
　　しかし厳選された数作品だけが展示される　　　　　トロント博物館に

/ as outstanding works of art.
　　　傑出した芸術作品として

GEAR UP! ◁)) 062

Many photographs are submitted to
only a select few will be displayed at
-------- of art.

(A) work
(B) works
(C) working
(D) worked

❸

select は本問では「厳選された」という意味の形容詞として使われている
が、「〜を選ぶ」という意味の他動詞としてよく使われる。

☐ Passengers may select their seats when they board the bus.
　乗客はバスに乗るときに自分の席を選ぶことができます。

語句 ☐ passenger 乗客　☐ may 〜してもよい　☐ board 〜に乗る

1

be submitted to「〜に提出される」の後ろには「提出先」を表す名詞が続く。

☐ The estimate was submitted to Raghava last week.

見積もりは先週 Raghava に提出されました。

語句 ☐ estimate 見積もり

RCU Photo Contest each year, but the Toronto Museum as outstanding

2

each「それぞれの」の後ろに名詞が続く場合、名詞は可算名詞の単数形になる。each of ＋複数形「〜のそれぞれ」という表現も押さえておこう。each of ＋複数形が主語になる場合は単数扱いになるので、動詞を選ぶ際は注意が必要だ。

☐ Each of the works in this art gallery is very unique.

この美術館にある彼らの各作品は、非常に個性的です。

語句 ☐ art gallery 美術館 ☐ unique 個性的だ

The participants in World Cycling Championships will be expected to follow a course that winds along terrain ------- steepness is the norm.

(A) which
(B) when
(C) where
(D) what

関係副詞の理解

頻出度 ♨♨♨

語句	
□ participant in	～の参加者
□ World Cycling Championships	世界自転車競技選手権
□ be expected to do	～することが見込まれている
□ follow a course	コースを進む
□ wind	曲がりくねる
□ along	～に沿って
□ terrain	地形
□ steepness	険しさ
□ norm	標準的な状況

訳 The participants in World Cycling Championships will be expected to follow a course that winds along terrain where steepness is the norm.

世界自転車競技選手権の参加者は、険しいのが当たり前である地形に沿って曲がりくねっているコースを進むことが見込まれています。

(A) which	物を先行詞とする関係代名詞の主格・目的格、どちら：代名詞
(B) when	時を先行詞とする関係副詞、いつ：副詞、～するときに：接続詞
(C) where	場所を先行詞とする関係副詞、どこで：副詞
(D) what	先行詞を含んだ関係代名詞（＝ the thing(s) which）

108

解説 正解への思考プロセス

 選択肢を確認 **関係詞が並んでいることを確認**

選択肢には関係詞（関係代名詞と関係副詞）が並んでいます。

 正解を絞り込む **空所の前に先行詞、後ろは完全な文**

空所の前には先行詞となり得る名詞の terrain「地形」があり、後ろには steepness is the norm「険しいのが当たり前である」という「完全な文」が続いています。

正解を確定 **関係副詞の where は「場所＋ where ＋完全な文」の流れを作る**

関係副詞の where は、「場所を表す先行詞＋ where ＋完全な文」という語順の中で使うことができます。terrain where steepness is the norm「険しいのが当たり前である地形」となって文意も通るため、正解は (C) です。

正解　C

● **文の要素を理解しよう**

The participants in World Cycling Championships

主語
世界自転車競技選手権への参加者は

/ will be expected / to follow a course / that winds along terrain

動詞
見込まれている　　　　コースを進むことを　　（そしてそれは）地形に沿って
　　　　　　　　　　　　　　　　　　　　　曲がりくねっている

/ where steepness is the norm.

（そしてそこは）険しいのが当たり前である

＊ここでは will be expected のような受動態のカタマリを動詞としています。
＊主格の関係代名詞 that の先行詞は a course です。
＊関係副詞 where の先行詞は terrain です。
＊関係副詞の後ろには完全な文が続きますが、ここではそれを一つの節としてまとめ、区切りを入れていません。

もっと学び尽くす

英語の語順で理解しよう ◁») 064

The participants in World Cycling Championships / will be
世界自転車競技選手権への参加者は

expected to follow a course / that winds along terrain / where
コースを進むことが見込まれている（そしてそれは）地形に沿って曲がりくねっている

steepness is the norm.
（そしてそこは）険しいのが当たり前である

GEAR UP! ◁») 065

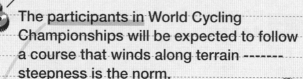

The participants in World Cycling
Championships will be expected to follow
a course that winds along terrain -------
steepness is the norm.

(A) which
(B) when
(C) where
(D) what

②

関係副詞の where は in/at which に置き換えることが可能。

□ This is the library where we first met.

□ This is the library at which we first met.

ここは私たちが初めて出会った図書館です。

①

participate in は「〜に参加する」という意味だが、名詞の participant 「参加者」も participant in「〜の参加者」のように前置詞の in を使う。また、participate in は take part in に言い換えることも可能だ。

□ Participants in an upcoming brainstorming session have to fill in this questionnaire.

次回のブレインストーミングセッションの参加者は、このアンケートに記入しなくてはなりません。

語句 □ upcoming 次回の　□ have to do 〜しなければならない
□ fill in 〜に記入する　□ questionnaire アンケート

110

☑ SKILL CHECK!

次の「頻度を表す副詞」を頻度が高いものから順に並べましょう。

sometimes   normally   seldom   often
always   never   frequently   occasionally

① _____
② _____
③ _____
④ _____
⑤ _____
⑥ _____
⑦ _____
⑧ _____

解答は 140 ページへ
間違えたら 31 ページをもう一度チェックしよう。

Mr. Lawrence prides ------- on the fact that his employees are always ready to receive their guests with a warm welcome and a smile.

(A) he
(B) his
(C) him
(D) himself

代名詞の使い方の理解

頻出度 🔥🔥🔥

語句		
□ pride		～を誇りに思う
□ employee		従業員
□ be ready to do		～する用意ができている
□ receive		～を受け入れる
□ warm		温かい

訳　Mr. Lawrence prides himself on the fact that his employees are always ready to receive their guests with a warm welcome and a smile.

Lawrence さんは彼の所にいる従業員たちが、常にお客様を温かい歓迎と笑顔で受け入れる用意ができているという事実に誇りを持っています。

(A) he		彼は：人称代名詞の主格
(B) his		彼の：人称代名詞の所有格
(C) him		彼を・彼に：人称代名詞の目的格
(D) himself		彼自身：再帰代名詞

解説 正解への思考プロセス

選択肢を確認 「彼」を表す様々な代名詞が並んでいることを確認

選択肢には様々な代名詞が並んでいます。

正解を絞り込む 空所の前は動詞 prides、後ろは前置詞の on

空所の前には動詞 pride「～を誇りに思う」、後ろには on the fact that「～という事実について」が続いています。

正解を確定 pride oneself on の形であると確信＋文意を確認

空所の前後関係から、pride oneself on the fact that「～という事実に誇りを持っている」というフレーズを作ればいいのではと考え、(D) の himself「彼自身」を空所に入れます。文意も通るのでこれが正解となります。

正解 D

● **文の要素を理解しよう**

Mr. Lawrence / prides / himself / on the fact /│that│

　　主語　　　　　　 動詞　　 目的語　　　　　　　 ┃接続詞┃
Lawrence さんは　 誇りを　 自分自身に　 ～という （どんな事実
　　　　　　 持っている　　　　　　　 事実に　 かというと）

/ his employees / are / always ready / to receive / their guests

　　主語　　　　　 動詞　　　 補語
彼の従業員たちが　 （＝）　 常に用意が　 受け入れることの　 お客様を
　　　　　　　　　　　　 できている

/ with a warm welcome and a smile.

　　　　　　　　　温かい歓迎と笑顔で

＊ここで使われている that は同格の that と呼ばれる接続詞です。that 以下の内容が that の前にある the fact のことを詳しく説明しています。

英語の語順で理解しよう ◁)) 067

Mr. Lawrence prides himself on the fact / that his employees are
　　Lawrenceさんは事実に誇りを持っている

always ready to receive their guests / with a warm welcome and
彼の従業員たちが常にお客様を受け入れる用意ができていることに

a smile.
温かい歓迎と笑顔で

GEAR UP! ◁)) 068

Mr. Lawrence prides ------- on the
ready to receive their guests with

(A) he
(B) his
(C) him
(D) himself

COLUMN どんどん質問し、どんどん調べよう

分からないことはそのままにせず、「調べる」か「誰かに質問する」ことが大切です。さもなければその疑問はその後もずっと解決しないままになってしまい、そのままにしておくと分からないことが次々と増えていってしまいます。その蓄積がやる気を失わせるのです。分かることが増えていくと、それに比例してやる気も高まっていきます。「調べる」こと、そして可能であれば「質問する」ということを、常に大切にしてみてください。

1

pride oneself on the fact that の類義表現として、take pride in「〜に誇りを持っている」もセットで覚えておこう。

☐ We should take pride in being pioneers in this field.
　私たちはこの分野での先駆者であることを誇りに思うべきです。

語句 ☐ pioneer 先駆者　☐ field 分野

fact that his employees are always
a warm welcome and a smile.

2

himself のような再帰代名詞は、主語と同一の人や物が、同じ節中に再度登場する場合に使われる形だ。本問では主語の Mr. Lawrence が、同じ節内で動詞の目的語である himself として登場している。pride は「〜を誇りに思う」という意味の他動詞なので、prides himself で「彼自身（の状況や、やっていることなど）を誇りに思う」ということを表している。

☐ I'm sure that you can manage all of this by yourself.
　あなたがこれら全てをあなた自身でどうにかすることができると、私は確信しています。

語句 ☐ I'm sure that 〜ということを確信している
　　　☐ manage 〜をどうにかする　☐ by oneself 一人で

115

The news of the ------- of VCB Republic's Tanzania factory came as a surprise even to its veteran employees.

(A) closes
(B) closed
(C) to close
(D) closure

前置詞＋名詞の理解

頻出度 🔥🔥🔥

語句	□ factory	工場
	□ come as a surprise	意外な結果である、驚きである
	□ even	～さえ
	□ veteran	経験豊かな、熟練の、ベテランの
	□ employee	従業員

訳　The news of the closure of VCB Republic's Tanzania factory came as a surprise even to its veteran employees.

VCB Republic のタンザニア工場の閉鎖のニュースは、ベテランの従業員たちでさえ驚くべきことでした。

□ close		～を閉じる
	(A) closes	動詞の三人称単数現在形
	(B) closed	動詞の過去形、過去分詞
	(C) to close	不定詞
	(D) closure	閉鎖：名詞

選択肢を確認 close は自動詞、他動詞、形容詞など、様々な品詞として使われる

選択肢には動詞 close「(〜を) 閉じる」の活用形などが並んでいます。

 正解を絞り込む 空所の前は冠詞、後ろは前置詞

空所の前には冠詞の the があり、後ろには前置詞の of が続いています。

 正解を確定 冠詞の後ろは名詞、前置詞の前は文法的な切れ目

冠詞の後ろには名詞が続くので、正解は (D) の closure「閉鎖」です。前置詞の前は文法的な切れ目なので、本問は the ＋空所＋ of を見るだけで正解することが可能な問題でした。文法問題は本問のように空所の前後だけを見て解答できる問題も多々ありますが、問題文を文頭から意味を理解しつつ読み進めていき、空所に差し掛かったところで正解を選ぶ、そして文末まで読んで文意が通ればOK、という解答スタイルを構築することを目指してみてください。文法問題、語彙問題のいずれに対しても有効な解答手順です。

正解 D

文の要素を理解しよう

The news of the closure of VCB Republic's Tanzania factory
主語
VCB Republic のタンザニア工場の閉鎖のニュースは

/ came / as a surprise / even to its veteran employees.
動詞
やってきた　　驚きとして　　　　ベテランの従業員たちでさえ

英語の語順で理解しよう 〈 ◁» 020

The news of the closure of VCB Republic's Tanzania factory
　　　VCB Republic のタンザニア工場の閉鎖のニュースは

/ came as a surprise / even to its veteran employees.
　　驚くべきことだった　　　　　ベテランの従業員たちでさえ

GEAR UP! ◁» 021

The news of the ------- of VCB Republic's Tanzania factory came as a surprise even to its veteran employees.

(A) closes
(B) closed
(C) to close
(D) closure

1

close は自動詞「閉じる」、他動詞「〜を閉じる」だけでなく、「近い」という意味の形容詞としてもよく使われる。close to「〜に近い」という形は頻出。

☐ The museum is very close to my house, so I sometimes go there to see some famous sculptures.
その博物館は私の家からとても近いので、有名な彫刻を見るために時々そこに行きます。

語句 ☐ museum 博物館　☐ sometimes 時々
☐ famous 有名な　☐ sculpture 彫刻

✍ SKILL CHECK!

次の日本語に合うように空所を埋めましょう。

① AとBの両方　　　　　　＿＿＿＿＿ A ＿＿＿＿＿ B

② AでもBでもない　　　＿＿＿＿＿ A ＿＿＿＿＿ B

③ AかBのどちらか　　　＿＿＿＿＿ A ＿＿＿＿＿ B

④ AもBも同様に　　　A ＿＿＿＿＿ B ＿＿＿＿＿

⑤ AだけでなくBも

　　　＿＿＿＿＿ ＿＿＿＿＿ A ＿＿＿＿＿ ＿＿＿＿＿ B

⑥ AではなくB　　　　　＿＿＿＿＿ A ＿＿＿＿＿ B

解答は 140 ページへ
間違えたら86ページをもう一度チェックしよう。

In our gym, it is the responsibility of ------- gym members to wipe down the equipment after use.

(A) all
(B) each
(C) every
(D) much

数に関連する形容詞の理解

頻出度 🔥🔥🔥

語句
- □ gym : ジム
- □ responsibility : 責任
- □ wipe down : ～を拭く
- □ equipment : 器具
- □ use : 使用

訳 In our gym, it is the responsibility of all gym members to wipe down the equipment after use.

私たちのジムでは、使用後に器具を拭くことは全てのジム会員が責任を持ってすべきことです。

(A) all	全ての：形容詞
(B) each	それぞれの：形容詞
(C) every	全ての：形容詞
(D) much	たくさんの：形容詞

解説 正解への思考プロセス

 選択肢を確認 数量形容詞（名詞の数や量を表す形容詞）が並んでいることを確認

選択肢には様々な形容詞が並んでおり、これらは名詞の数や量を表すものばかりです。

 正解を絞り込む 空所の後ろには gym members という名詞句

空所の前には前置詞の of があり、後ろには gym members「ジム会員」という複数形の名詞句が続いています。

 正解を確定 複数形を修飾できるのは all だけ

(B) の each「それぞれの」と (C) の every「全ての」は可算名詞の単数形を修飾し、(D) の much「たくさんの」は不可算名詞を修飾するのでいずれも正解にはなり得ません。よって、正解は (A) の all「全ての」です。all は可算名詞と不可算名詞の両方を修飾することができます。

正解 A

文の要素を理解しよう

In our gym, / **it** / **is** / **the responsibility** / of all gym members

私たちのジムでは　　それ（=）は　　責任だ　　　　　全てのジム会員の
　　　　　　　　　　主語　動詞　　　補語

/ to wipe down / the equipment / after use.

拭くことは　　　　器具を　　　使用後に

Chapter 1 Chapter 2 一気に駆け抜けろ——18問 Chapter 3 Chapter 4

121

英語の語順で理解しよう ◁)) 023

In our gym, / it is the responsibility / of all gym members
私たちのジムでは　　　　それは責任です　　　　　全てのジム会員の

/ to wipe down the equipment / after use.
　　器具を拭くことは　　　　　　使用後に

GEAR UP! ◁)) 074

In our gym, it is the responsibility of
down the equipment after use.

(A) all
(B) each
(C) every
(D) much

4

much「たくさんの」は不可算名詞を修飾し、much water
「たくさんの水」のように使う。可算名詞を修飾する場合は
many books「たくさんの本」のように many を使う。

☐ Ms. Steele was not given very much time to
work.

Steele さんはあまり多くの作業時間を与えられませんでした。

語句　☐ not A very much B あまりたくさんの B を A しない

1

本問では主語の it の内容を to 以下が説明する形をとっている。to wipe down the equipment after use is the responsibility of all gym members. と表すこともできるが、問題文の語順の方が自然。

-------- gym members to wipe

2

equipment「設備、機材、器具」は不可算名詞なので複数形はないということに注意すること。

☐ Our department should liquidate some large equipment that is no longer being used.

私たちの部署はもう使われることのない大きな機材を換金すべきです。

語句 ☐ department 部署　☐ liquidate ~を換金する
☐ no longer もはや~ない

3

another「もう一つの」、each「それぞれの」、every「全ての」は、いずれも可算名詞の単数形を修飾する。また、one another は「お互い」という意味になり、each other と言い換えることができる。

☐ Some women are greeting one another.
☐ Some women are greeting each other.

何人かの女性たちが挨拶を交わしています。

語句 ☐ greet ~に挨拶する

問題

25

🔊》075

Henrietta Simon, the pop superstar from Toronto, brought her ------- music to the annual Coley Tech Festival yesterday.

(A) lives
(B) lived
(C) living
(D) lively

形容詞が名詞を前から修飾する
パターンの理解

頻出度 🔥🔥🔥

語句 □ pop superstar　ポップス界のスーパースター
□ brought　～を持ってきた（bring「～を持ってくる」の過去形）
□ bring A to B　A を B に持ってくる
□ annual　年に1回の

訳 Henrietta Simon, the pop superstar from Toronto, brought her lively music to the annual Coley Tech Festival yesterday.

トロントからやってきたポップス界のスーパースター・Henrietta Simon は、昨日行われた毎年開催されている Coley Tech フェスティバルで陽気な楽曲を披露しました。

□ live	住む
(A) lives	動詞の三人称単数現在形
(B) lived	動詞の過去形、過去分詞（完了形で使われる）
(C) living	動名詞、現在分詞
(D) lively	明るい、陽気な：形容詞

解説 正解への思考プロセス

選択肢を確認 動詞の活用形が並んでいる場合は 問題文全体を一度確認する

選択肢には動詞 live「住む」の活用形などが並んでいます。

正解を絞り込む 空所の前は代名詞の所有格、後ろは名詞

空所の前には代名詞の所有格 her「彼女の」があり、後ろには名詞 music「楽曲」が続いています。空所は名詞の前にあるので、名詞を前から修飾する形容詞の役割をするものが正解候補となりますが、これに該当するのは (C) の living「生きている」と (D) の lively「陽気な、明るい」です。(B) の lived も過去分詞なので形容詞として使われそうに思えるかもしれませんが、自動詞の過去分詞形は基本的に「完了形」の中で使われます。

正解を確定 lively は語尾が -ly だが形容詞

music の前に置いて文意が通るのは (D) の lively になります。lively は語尾が-ly で終わっていますが形容詞です。語尾が -ly で終わる単語は副詞である場合が多いのですが、このように形容詞の場合もあるので注意が必要です。

正解 **D**

 文の要素を理解しよう

Henrietta Simon, the pop superstar from Toronto, / brought

主語 ・・・ 動詞
トロントからやってきたポップス界のスーパースター・Henrietta Simon は ・・・ 持ってきた

/ her lively music / to the annual Coley Tech Festival / yesterday.

目的語
彼女の陽気な楽曲を ・・・ 毎年開催されている Coley Tech フェスティバルに ・・・ 昨日

もっと学び尽くす

英語の語順で理解しよう ◁⟩) 076

Henrietta Simon, the pop superstar from Toronto,
トロントからやってきたポップス界のスーパースター・Henrietta Simon は

/ brought her lively music / to the annual Coley Tech Festival
彼女の陽気な楽曲を持ってきた　毎年開催されている Coley Tech フェスティバルに

/ yesterday.
昨日

GEAR UP! ◁⟩) 077

Henrietta Simon, the pop superstar from
Toronto, brought her ------- music to the
annual Coley Tech Festival yesterday.

(A) lives
(B) lived
(C) living
(D) lively

(COLUMN) 勉強貯金 ①

「毎日 5 問は絶対に問題を解くぞ」というような、自分で達成できる目標を設置
し、もし余力があれば明日の分の 5 問も解くようにするのです。その追加の 5 問
を「勉強貯金」と僕は名付けています。そうすれば「明日万が一勉強する時間
が取れなかったとしても、明後日からまたちゃんとやれば大丈夫」という心の余
裕を作り出すことができます。

①

たとえば形容詞 recent「最近の」の語尾に -ly が付くと recently「最近」という副詞になるように、「形容詞の語尾に -ly が付くと副詞になる」が、「語尾が -ly で終わる単語は副詞である場合が多い」と覚えておく。逆に「形容詞以外の単語＋語尾が -ly」から成る単語は、語尾が -ly であるにもかかわらず形容詞になる。TOEIC に登場する頻出語として以下の形容詞を押さえておくこと。

■ 語尾が -ly で終わる形容詞

| ☐ costly | 値段の高い | ☐ elderly | 年配の |
| ☐ lovely | 素敵な | | |

また、early のように形容詞と副詞が同形の語もある。形容詞であれば「早い」、副詞であれば「早く」という意味になる。以下にその例をいくつか挙げておくので、こちらもしっかり押さえておこう。

■ 形容詞と副詞が同形の単語一覧

☐ early	早い、早く	☐ likely	起こり得る、おそらく
☐ enough	十分な、十分に	☐ daily	毎日の、毎日
☐ fast	速い、速く	☐ weekly	毎週の、毎週
☐ long	長い、長く	☐ monthly	毎月の、毎月
☐ high	高い、高く	☐ yearly	毎年の、毎年
☐ friendly	親切な、親切に	☐ nightly	毎晩の、毎晩
☐ lively	陽気な、陽気に	☐ timely	タイムリーな、折よく

☐ After the merger, their company is likely to dominate the marketplace.

> 合併の後、彼らの会社は市場で優位を占めるでしょう。

語句 ☐ merger 合併　☐ be likely to do ～するだろう
☐ dominate ～で優位を占める　☐ marketplace 市場

127

問題

26
◁») 078

The ------- at Unite Shop Co. are required to fill in their timesheets every day in accordance with the handbook.

(A) employs
(B) employees
(C) employer
(D) employment

主述の一致の理解

頻出度 🔥🔥🔥

語句
□ be required to do ～することを求められる
□ fill in ～に記入する
□ timesheet タイムカード
□ in accordance with ～に従って
□ handbook 手引書

訳　The employees at Unite Shop Co. are required to fill in their timesheets every day in accordance with the handbook.

Unite Shop 社の従業員は、手引書に従って毎日タイムカードに記入することを求められます。

□ employ ～を雇う
(A) employs 動詞の三人称単数現在形
(B) employees 従業員：可算名詞の複数形
(C) employer 雇用主：可算名詞の単数形
(D) employment 雇用：不可算名詞

employ の派生語などが並んでいることを確認

選択肢には動詞 employ「〜を雇う」の派生語などが並んでいます。

 空所の前は冠詞、後ろは前置詞

空所の前には冠詞の The「その」があり、後ろには前置詞の at から始まる at Unite Shop co.「Unite Shop 社の」が続いています。

 主語と動詞を正しく一致させる ＋主語が単数か複数かに留意

冠詞と前置詞の間にある空所には名詞が入り、「The ＋空所＋α」が本問の主語になります。動詞は are なので、主語は複数形になることが分かるため、正解は (B) の employees「従業員」です。

正解　B

文の要素を理解しよう

The employees at Unite Shop Co. / are required / to fill in

　　　　　主語　　　　　　　　　　　　　　　　動詞
　Unite Shop 社の従業員は　　　　　　　　求められる　記入することを

/ their timesheets / every day / in accordance with the handbook.

　彼らのタイムカードに　　　毎日　　　　　　　手引書に従って

＊ここでは are required のような受動態のカタマリを動詞としています。

129

英語の語順で理解しよう 🔊 079

The employees at Unite Shop Co. are required to fill in their timesheets
Unite Shop 社の従業員は彼らのタイムカードに記入することを求められる

/ every day / in accordance with the handbook.
　　毎日　　　　　　　　　　手引書に従って

GEAR UP! 🔊 080

The ------- at Unite Shop Co.
timesheets every day in acco

(A) employs
(B) employees
(C) employer
(D) employment

2

every day は「毎日」という意味の副詞句、everyday は「毎日の」という意味の形容詞。

☐ Mr. Barnes commutes to work on the Yamanote Line every day.

Barnes さんは毎日山手線で通勤しています。

語句 ☐ commute to work 通勤する

☐ This bag looks good when paired with everyday clothing.

このカバンは普段着と組み合わせるとおしゃれに見えます。

語句 ☐ look good おしゃれに見える
　　 ☐ when paired with ～と組み合わされるとき
　　 ☐ everyday clothing 普段着

are required to fill in their
rdance with the handbook.

1

fill in は「〜に記入する」だが、fill out も「〜に記入する」という意味のフレーズである。また、これらは complete に言い換えることも可能だ。

☐ Please fill in the form below and return it with the item you purchased.

☐ Please fill out the form below and return it with the item you purchased.

以下のフォームにご記入いただき、ご購入いただいた商品と一緒にご返送ください。

語句 ☐ below 下に　☐ return 〜を返送する　☐ item 商品
　　☐ purchase 〜を購入する

The designers argued against ------- the machine's design by including too many unnecessary features.

(A) complicatedly
(B) complicate
(C) complicated
(D) complicating

前置詞＋名詞の理解

頻出度 🔥🔥🔥

語句	
□ designer	デザイナー、設計者
□ argue against	～に反論する
□ design	デザイン、設計
□ by doing	～することによって
□ include	～を含む
□ too many	多すぎる
□ unnecessary	不必要な
□ feature	機能、特徴

訳　The designers argued against complicating the machine's design by including too many unnecessary features.

設計者たちは、過剰で不必要な機能を持たせることによって機械の設計を複雑にしてしまうことに対して反論しました。

□ complicate	～を複雑にする
(A) complicatedly	複雑に：副詞
(B) complicate	動詞の原形・現在形
(C) complicated	動詞の過去形、過去分詞、複雑な：形容詞
(D) complicating	動名詞、現在分詞

解説 正解への思考プロセス

 動詞 complicate の活用形が並んでいるのを確認

選択肢には動詞 complicate「〜を複雑にする」の活用形などが並んでいます。

 空所の前にある句動詞の argued against
→ against は前置詞

空所の前には argued against「〜に反論した」があり、後ろには名詞句の the machine's design「機械の設計」が続いています。against は前置詞です。

 「前置詞＋他動詞の doing 形＋目的語」のパターン
→ 文意を確認

「前置詞と名詞句の間に他動詞の doing 形が入る」パターンです。(D) の complicating「〜を複雑にすること」を空所に入れると argued against complicating the machine's design「機械の設計を複雑にすることに反論した」となり文意が通ります。よって、正解は (D) です。

正解 D

文の要素を理解しよう

The designers / **argued** / against complicating the machine's
　　主語　　　　　　　動詞
　設計者たちは　　異義を唱えた　　　機械の設計を複雑にすることに

design / by including / too many unnecessary features.

　　　　　含ませることによって　　　過剰で不必要な装置を

英語の語順で理解しよう ◁)) 082

The designers argued against complicating the machine's design
　　設計者たちは機械の設計を複雑にすることに反論した

/ by including too many unnecessary features.
　　過剰で不必要な装置を持たせることによって

GEAR UP! ◁)) 083

The designers argued against -------
too many unnecessary features.

(A) complicatedly
(B) complicate
(C) complicated
(D) complicating

2

too many は「多すぎる、余分な」という否定的な意味を表し、後ろには可算名詞が続く。

□ Oliver said that he has watched the play too many times.
　Oliver はその劇を何回も何回も観たと言いました。

語句 □ play 劇　□ too many times 何回も何回も

COLUMN 5分だけでも良いから全力でやる

人の集中力はそう長く続くものではありません。TOEIC の学習に費やせる時間も限られています。時間がないときは、ほんの5分間だけでも良いのです。その5分間だけは自分の持てる最高の力を出し切るつもりで取り組んでください。効果が全然違いますよ。

the machine's design by including

1

argue against は「〜に反論する」だが、decide against「〜しないことに決める」も一緒に押さえておこう。これは頻出である decide to do「〜することに決める」の反意表現になる。against は前置詞なので後ろには動詞の doing 形や名詞が続くが、decide to の後ろには動詞の原形が続く。

☐ Our company decided to defer the release of the product due to the lack of raw materials.

当社は原料の不足によりその製品の発売を延期することにしました。

語句 ☐ defer 〜を延期する ☐ release 発売
☐ product 製品 ☐ due to 〜が原因で
☐ lack 不足 ☐ raw material 原料

135

問題

28

🔊)) 084

Of the 500 survey respondents, ------- expressed
concerns over eating health food products
manufactured by Umami Enterprises.

(A) none
(B) never
(C) neither
(D) nearly

代名詞の使い方の理解

頻出度 🔥🔥🔥

語句		
□ survey	アンケート	
□ respondent	回答者	
□ express	～を表す	
□ concern over	～についての懸念	
□ health food product	健康食品	
□ manufacture	～を製造する	

訳 Of the 500 survey respondents, none expressed concerns over
eating health food products manufactured by Umami Enterprises.

500人のアンケート回答者の中で、Umami社によって製造されている健康食品
を食べることについての懸念を表す人は誰もいませんでした。

(A) none	誰も～ない：代名詞
(B) never	決して～ない：副詞
(C) neither	(AもBも) ～ない：副詞、どちらも～ない：代名詞
(D) nearly	ほとんど：副詞

解説　正解への思考プロセス

 選択肢を確認 文意と文法的な観点の両方から攻めるべき問題であることを確認

選択肢には代名詞や副詞などが並んでおり、(A) ～ (C) は否定的な意味を含んでいます。

 正解を絞り込む 空所には人を表す主語が入ることを確認

文頭の Of the 500 survey respondents「500 人のアンケート回答者の中で」が「主語が含まれている集団」を表していると考えると、空所には「人を表す主語」が入ることが分かります。

 正解を確定 neither の対象は「2」主語になれるのは代名詞

選択肢の中で主語になれるのは、(A) none「誰も～ない」と (C) neither「どちらも～ない」の人を表す代名詞です。neither は話題となっている人や物の数が「2」でなければならないので、正解は (A) になります。

正解　**A**

文の要素を理解しよう

Of the 500 survey respondents, / **none** / **expressed**

	主語	動詞
500 人のアンケート回答者の中で	誰も	表さなかった

/ **concerns** / over eating health food products / manufactured

目的語		
懸念を	健康食品を食べることについて	製造されている

/ by Umami Enterprises.

Umami 社によって

＊主語の none には否定の意味が入っていますが、理解しやすいよう主語には否定の訳を入れず、動詞 expressed の訳を否定にしてあります。

英語の語順で理解しよう ⟨ ◁》085

Of the 500 survey respondents, / none expressed concerns
　　500人のアンケート回答者の中で　　　　誰も懸念を表さなかった

/ over eating health food products / manufactured by Umami
　　　健康食品を食べることについて　　　Umami 社によって製造されている

Enterprises.

GEAR UP! ◁》086

Of the 500 survey respondents,
health food products manufactu

(A) none
(B) never
(C) neither
(D) nearly

1

文頭が Of で始まる文は、最上級を表す内容であることが
しばしばある。

□ Of the 5 interviewees, Maria's presentation was
the most impressive for the board of directors.
面接を受けた人たち5人の中で、Maria のプレゼンが役員たちにとっ
て最も印象的でした。

語句 □ interviewee 面接を受ける人
　　 □ presentation プレゼン
　　 □ impressive 印象的だ
　　 □ board of directors 役員会

2

concern は本問では「懸念」という意味で使われている
が、「予約」という意味でよく使われる reservation にも
「懸念」という意味がある。

□ My subordinates seem to have reservations.
  私の部下たちは懸念を抱いているように見えます。

語句 □ subordinate 部下
    □ seem to do ~しているように見える

------- expressed concerns over eating
red by Umami Enterprises.

3

問題文で使われている前置詞の over は、本問では「~に
ついて」という意味で使われている。

問題番号	正解	問題番号	正解	問題番号	正解
11	A	17	B	23	D
12	B	18	D	24	A
13	A	19	C	25	D
14	D	20	B	26	B
15	C	21	C	27	D
16	D	22	D	28	A

■ SKILL CHECK 解答

No. 11 (71 ページ)
① 申し出、提供物　② 形容詞、節　③ ～する一方で / ～している間に (順不同)
④ ～をしばしば訪れる　⑤ 売れる

No. 15 (87 ページ)
① required　② going　③ from　④ over　⑤ where　⑥ order

No. 18 (99 ページ)
① committed / dedicated / devoted (順不同)
② turn in / submit / file / hand in (順不同)

No. 19 (103 ページ)
① 候補者　② ～と関わり合う　③ 部署　④ 最初は　⑤ 評判の悪い　⑥ かなりの
⑦ ～を保証する　⑧ 収益　⑨ ノートパソコン　⑩ 10 年

No. 21 (111 ページ)
① always　② normally　③ frequently　④ often　⑤ sometimes
⑥ occasionally　⑦ seldom　⑧ never

No. 23 (119 ページ)
① both A and B　② neither A nor B　③ either A or B　④ A and B alike
⑤ not only A but also B　⑥ not A but B

Chapter 3

見極めが肝心──22問

29. Over the last decade, Vanessa Catering Service has ------- proven its dependability and professionalism.

(A) repeat
(B) repeats
(C) repeated
(D) repeatedly

30. If you are unable to successfully log in to the company database, you need to contact your supervisor for -------.

(A) assist
(B) assists
(C) assistant
(D) assistance

31. The Tatiana's Band, the popular rock band from the U.S., ------- their gorgeous music to the annual rock festival last weekend.

(A) was brought
(B) brought
(C) will bring
(D) to bring

32. The repairperson told Henry to switch off the computer and ------- it to fix the problem.

(A) restart
(B) restarts
(C) restarted
(D) restarting

33. Mr. Makarenkova asked whether the conference date is adjustable, ------- he won't be in town on the scheduled date.

(A) despite
(B) however
(C) therefore
(D) as

34. In economic news today, a number of investors ------- interest in Payton Co.'s new project to build a factory on the outskirts of London.

(A) have expressed
(B) has expressed
(C) is expressing
(D) expressing

35. The responsibility was all on ------- to make sure the team worked together and met the sales targets.

(A) she
(B) her
(C) hers
(D) herself

36. This water bottom cleaning device is designed to maneuver across ocean floors, extract debris and is able to go deeper than ------- other subaquatic device known.

(A) many
(B) much
(C) each
(D) any

37. Julia ------- in the factory since she left high school at 18 and will be celebrating her 30th anniversary at Roadside Resort Co. next month.

(A) will work
(B) has been working
(C) had been working
(D) works

38. If our supervisor could have persuaded the client to agree to the design amendments, productivity ------- by at least thirty percent.

(A) will be increasing
(B) will have increased
(C) would increase
(D) would have increased

39. The competitors have been working hard to find out ------- BWS Ltd. got their product on the market so early.

(A) how
(B) which
(C) who
(D) when

40. Mr. Musk quit his highly paid job ------- as to take a position as a dance instructor.

(A) even
(B) also
(C) so
(D) yet

41. It has been a long hard year of training for Emilia Lazzari but she can now rest ------- her success at the World Championships.

(A) follow
(B) followed
(C) following
(D) to follow

42. It took a long time to decide on a course of action ------- all employees were able to believe.

(A) whose
(B) in which
(C) of which
(D) what

43. Passengers heading for Arena Mexico should be aware that ------- an engine problem there will be a bus connection for the latter part of the journey now.

(A) instead of
(B) as
(C) because of
(D) since

44. Our new line of shoes was recalled as the soles ------- out within weeks of purchase.

(A) wears
(B) wore
(C) worn
(D) wearing

45. The two winners of the Scientific and Engineering Award, Toby and Diaz thanked ------- for the contributions each had made to the discovery.

(A) any other
(B) another
(C) other
(D) one another

46. State Library Victoria has decided to put ------- on the numbers of certain types of books that can be borrowed.

(A) limit
(B) limits
(C) limited
(D) limitation

47. Mr. Simon's latest movie was a great success as ------- by movie critics across the country.

(A) predicted
(B) predictable
(C) prediction
(D) predictably

48. The Office Cleaning Service Newport comes ------- recommended as they cover a whole range of services including office cleaning, maintenance of books and records, and childcare.

(A) high
(B) higher
(C) highest
(D) highly

49. Elik's pet toy range -------, which is in part due to the impressive advertising campaign run by Aaes Marketing.

(A) are sold
(B) have been selling
(C) has been sold
(D) has been selling

50. The art exhibition for the Elijah Tanaka Collection ------- for two months beginning February 24 and will feature a great number of his finest works.

(A) is held
(B) is holding
(C) was held
(D) will be held

Over the last decade, Vanessa Catering Service has
------- proven its dependability and professionalism.

(A) repeat
(B) repeats
(C) repeated
(D) repeatedly

POINT

副詞が過去分詞を
前から修飾するパターンの理解

頻出度 🔥🔥🔥

語句

□ over	〜にわたって
□ decade	10 年
□ proven	prove（〜を証明する）の過去分詞
□ dependability	信頼性
□ professionalism	専門的技術、プロ意識

訳 Over the last decade, Vanessa Catering Service has repeatedly
proven its dependability and professionalism.

過去 10 年にわたって、Vanessa ケータリングサービスはその信頼性とプロ意識
を繰り返し証明してきました。

□ repeat	〜を繰り返す
(A) repeat	動詞の原形・現在形
(B) repeats	動詞の三人称単数現在形
(C) repeated	動詞の過去形、過去分詞
(D) repeatedly	繰り返して：副詞

選択肢を
確認
動詞の活用形が並んでいる場合は
問題文に動詞があるかどうかを確認

選択肢には動詞 repeat「〜を繰り返す」の活用形などが並んでいます。

 正解を
絞り込む
「over ＋期間を表す表現」は
完了形で使われるキーワード

空所の前後には has proven「〜を証明してきた」という「have (has) ＋過去分詞」から成る現在完了形があります。また、文頭には Over the last decade「過去 10 年にわたって」という「期間」を表す表現があるため、ここでは現在完了の継続用法「ずっと〜している」が使われていることが分かります。

 正解を
確定
「have ＋過去分詞」の間に入るのは副詞

過去分詞 proven（過去分詞は形容詞の扱いになります）を前から修飾して「どのように証明されてきたのか」という意味を付け加える (D) の repeatedly「繰り返して」が正解です。「完了形の have ＋過去分詞の間にある空所には副詞が入る」と覚えておくと良いでしょう。ちなみに受動態の「be 動詞＋過去分詞」の間にある空所に入るのも副詞になります。

正解　D

文の要素を理解しよう

Over the last decade, / **Vanessa Catering Service**
過去 10 年にわたって　　　　Vanessa ケータリングサービスは
（主語）

/ **has repeatedly proven** / **its dependability and**
　　　動詞　　　　　　　　　　　　目的語
繰り返し証明してきた　　　　その信頼性とプロ意識を

professionalism.

＊has repeatedly proven は現在完了形である has proven の間に副詞の repeatedly を挟んだものですが、ここではこれらをまとめて動詞としています。

英語の語順で理解しよう ◁»)088

Over the last decade, / Vanessa Catering Service has repeatedly
過去10年にわたって

proven its dependability and professionalism.
Vanessa ケータリングサービスはその信頼性とプロ意識を繰り返し証明してきた

GEAR UP! ◁»)089

Over the last decade, Vanessa Catering
and professionalism.

(A) repeat
(B) repeats
(C) repeated
(D) repeatedly

1

over the last decade のような前置詞の over
「~にわたって」+期間を表す表現は、基本的に
完了形（継続用法）で使われる。

4

professionalism の語尾 -ism は「主義」や
「主張」を表す。TOEIC に登場するものとしては
以下のようなものがある。

■ 語尾が -ism で終わる名詞

□ journalism｜ジャーナリズム
□ criticism｜批判
□ tourism｜観光産業、観光旅行、観光客

2

its は Vanessa Catering Service を代名詞の所有格に
したもので、dependability と professionalism の両方を
前から修飾している（its professionalism にあるはずの
its が省略されていると考える）。

Service has ------- proven its dependability

3

dependability の語尾（接尾辞）-ity は「状態」や「性質」
などを表す名詞に付く。以下のようなものが TOEIC に登場す
るので全て覚えること。

■ 語尾が -ity で終わる名詞

□ ability	能力	□ hospitality	もてなし
□ accessibility	行きやすさ	□ necessity	必需品
□ activity	活動	□ opportunity	機会
□ availability	利用可能性	□ possibility	可能性
□ capability	能力	□ quality	質
□ capacity	容量	□ quantity	量
□ complexity	複雑さ	□ security	安全
□ diversity	多様性	□ similarity	類似
□ electricity	電気	□ stability	安定性
□ equality	平等	□ vitality	活気
□ facility	施設		

□ I'd like to arrange a time to visit your facility to
inspect some machinery.

貴社の施設にうかがい、機械類の点検をするための時間の設定をしたいと
思います。

語句 □ would like to do ～したい
□ arrange a time 時間の設定をする
□ inspect ～を点検する □ machinery 機械類

If you are unable to successfully log in to the company database, you need to contact your supervisor for -------.

(A) assist
(B) assists
(C) assistant
(D) assistance

POINT

前置詞＋名詞のパターンの理解、可算名詞 vs 不可算名詞の理解

頻出度 🔥🔥🔥

語句
- be unable to do ～することができない
- successfully うまく
- log in to ～にログインする
- need to do ～する必要がある
- contact ～に連絡する
- supervisor 上司

訳 If you are unable to successfully log in to the company database, you need to contact your supervisor for assistance.

もし会社のデータベースにログインすることができないようでしたら、上司に助けを求めるために連絡してください。

- assist ～を手伝う
  - (A) assist 動詞の原形・現在形
  - (B) assists 動詞の三人称単数現在形
  - (C) assistant アシスタント：可算名詞の単数形
  - (D) assistance 助け：不可算名詞

解説 正解への思考プロセス

選択肢を確認 動詞の活用形が並んでいる場合は
問題文に動詞があるかどうかを確認

選択肢には動詞 assist「～を手伝う」の派生語などが並んでいます。実は本問は空所の前にある for と空所を見るだけで正解を選ぶことができるタイプの問題ですが、選択肢に動詞の活用形などが並んでいる場合には、常に問題文全体に目をやるようにしてください。

正解を絞り込む 前置詞の後ろには名詞が続く

空所の前には前置詞の for「～のために」があるので、空所には名詞が入ることが分かります。

正解を確定 可算名詞の単数形の前には
冠詞や代名詞の所有格などが必要

名詞は (C) の assistant「アシスタント」と (D) の assistance「助け」ですが、文意から「上司に助けを求めるために連絡する」となるようにするのが適切なので、正解は (D) になります。assistant は可算名詞の単数形なので前に冠詞 (an/the) や代名詞の所有格 (my や his など) が必要なので、意味の面からだけでなく文法的にも空所に入れることはできません。

正解　D

● **文の要素を理解しよう**

If / **you** / **are unable to successfully log in** / to the company
接続詞　主語　　　　　　　　　　　　　動詞
もし あなた　うまくログインすることができないのであれば　会社のデータベースに
　　　が

database, / **you** / **need to contact** / **your supervisor** / for
　　　　　主語　　　　動詞　　　　　　　目的語
　　　　　あなたは　連絡する必要がある　上司に

assistance.

助けを求めるために

＊ are unable to successfully log in は非常に長いカタマリですが、ここではこれで一つの動詞のカタマリだとしています。log in は句動詞 (句自動詞) だと考えてください。
＊ need to contact は動詞＋目的語 (不定詞の名詞的用法) と考えることもできますが、ここでは need to contact を動詞、your supervisor をその目的語としています。

If you are unable to successfully log in to the company database;
もしあなたが会社のデータベースにうまくログインできないのであれば

/ you need to contact your supervisor / for assistance.
あなたは上司に連絡する必要がある　　助けを求めるために

GEAR UP! ◁)) 092

If you are unable to successfully
need to contact your supervisor

(A) assist
(B) assists
(C) assistant
(D) assistance

1

be unable to do の反意表現である be able to do「～することができる」も、頻出なのでセットで覚えること。

□ Armando was able to meet with his brother at the conference location yesterday.

Armando はカンファレンス会場で昨日、彼の兄に会うことができました。

語句　□ meet with ～に会う
　　　□ conference location カンファレンス会場

2

log in to は「〜にログインする」という意味。この log in to のように「動詞＋副詞＋前置詞」などから成る、まとまって動詞のように機能するカタマリを句動詞と呼ぶ（文法書によっては群動詞と説明されている場合もある）。

□ We couldn't log in to the Internet as that restaurant wasn't Wi-Fi-enabled.

あのレストランは Wi-Fi が使えなかったので、私たちはインターネットにアクセスすることができませんでした。

語句 □ log in to the Internet インターネットにアクセスする
□ as 〜なので □ Wi-Fi-enabled Wi-Fi の使える

log in to the company database, you for -------.

3

assistance「助け」は不可算名詞なので、前に冠詞の an は付かず複数形にもならない。

□ If you're an international customer looking for assistance with print subscriptions, please visit our Web site.

もしあなたが印刷版の購読をするうえで助けを必要としている海外のお客様であるのならば、私共のホームページをご覧ください。

語句 □ international customer 海外の顧客
□ look for 〜を探す
□ print subscription 印刷版の購読

The Tatiana's Band, the popular rock band from the U.S., ------- their gorgeous music to the annual rock festival last weekend.

(A) was brought
(B) brought
(C) will bring
(D) to bring

時制の理解、態の理解

頻出度 🔥🔥🔥

語句		
□ popular		人気のある
□ bring A to B		A を B に持ってくる
□ gorgeous		魅力的な
□ annual		年に1度の

訳 The Tatiana's Band, the popular rock band from the U.S., brought their gorgeous music to the annual rock festival last weekend.

アメリカの人気ロックバンドである The Tatiana's Band は、先週末、毎年開催されているロックフェスティバルに魅力的な楽曲をひっさげて登場しました。

□ bring	～を持ってくる
(A) was brought	be 動詞の過去形を使った受動態
(B) brought	動詞の過去形、過去分詞
(C) will bring	動詞（未来を表す表現）
(D) to bring	不定詞

選択肢を 確認 動詞の活用形が並んでいる場合は
問題文に動詞があるかどうかを確認

選択肢には動詞 bring「〜を持ってくる」の活用形などが並んでいます。

 正解を 絞り込む 1 文 1 動詞の原則

問題文には動詞がないので、空所には動詞が入ることが分かります。主語は The Tatiana's Band 〜 the U.S.、空所の後ろには空所に入る動詞の目的語となる their gorgeous music「彼らの魅力的な楽曲」が続いています。

 正解を 確定 他動詞の後ろには目的語が続く

文末には last weekend「先週末」という過去を表す表現があることから、正解は過去形でなおかつ能動態である (B) の brought「〜を持ってきた」になります。(A) は過去形ですが、受動態の後ろには基本的に目的語は続きません。目的語が 2 つある能動態の文を受動態にした場合のみ、受動態の後ろには 1 つ目的語が続きます（give のような授与を表す動詞を使った受動態では、受動態の後ろに目的語が 1 つ続きます）。

正解 **B**

文の要素を理解しよう

The Tatiana's Band, the popular rock band from the U.S.,

主語

アメリカから来た人気のロックバンドである The Tatiana's Band は

/ brought / their gorgeous music / to the annual rock festival

動詞　　　　　　　　目的語

持ってきた　　　　　魅力的な楽曲を　　　毎年開催されているロックフェスティバルに

/ last weekend.

先週末

英語の語順で理解しよう 🔊 094

The Tatiana's Band, the popular rock band from the U.S.,
アメリカの人気ロックバンドである The Tatiana's Band は

/ brought their gorgeous music / to the annual rock festival
魅力的な楽曲を持ってきた　　　毎年開催されているロックフェスティバルに

/ last weekend.
先週末

GEAR UP! 🔊 095

The Tatiana's Band, the popular
gorgeous music to the annual ro

(A) was brought
(B) brought
(C) will bring
(D) to bring

2

annual「年に1度の」の派生語である副詞 annually
「年に1度、毎年」も TOEIC では頻出。

☐ The market is held annually at a farm in
central London.

そのマーケットはロンドンの中心部にある農場で毎年開催され
ています。

語句 ☐ be held 開催される　☐ farm 農場
☐ central 中心の

1

The Tatiana's Band, the popular rock band の
ように名詞と名詞が並んでいる場合、後ろの名詞は前
の名詞を説明している。「The Tatiana's Band とい
うのは、人気ロックバンドのことですよ」といったニュ
アンスの表現である。

rock band from the U.S., ------- their
ck festival last weekend.

3

weekend「週末」の複数形は weekends だが、
weekends は「毎週末に」という意味の副詞として
も使われる。

□ Mr. Choo rides his bike at the park on
　weekends.

毎週末 Choo さんは公園でサイクリングをしています。

語句　□ ride ～に乗る

The repairperson told Henry to switch off the computer and ------- it to fix the problem.

(A) restart
(B) restarts
(C) restarted
(D) restarting

パラレリズムの理解

頻出度 🔥🔥🔥

語句	□ repairperson	修理工
	□ tell somebody to do	人に~するように言う
	□ switch off	~のスイッチを切る
	□ fix	~を解決する
	□ problem	問題

訳 The repairperson told Henry to switch off the computer and restart it to fix the problem.

修理工は Henry に、問題を解決するためにパソコンのスイッチを切り、再起動するように言いました。

□ restart	~を再起動する
(A) restart	動詞の原形・現在形
(B) restarts	動詞の三人称単数現在形
(C) restarted	動詞の過去形、過去分詞
(D) restarting	動名詞、現在分詞

選択肢を 確認 動詞の活用形が並んでいる場合は
問題文に動詞があるかどうかを確認

選択肢には動詞 restart「～を再起動する」の活用形などが並んでいます。

 正解を 絞り込む 文法からのアプローチを行うと同時に
文意から選ぶアプローチも行う

tell somebody to do「人に～するように話す」を使っていることが told
Henry to switch off the computer「Henry にパソコンのスイッチを切るよ
うに話した」から分かります。続く and 以降も The repairperson「修理工」が
Henry にお願いしたことだと考えれば文意が通ります。空所の後ろにある代名
詞の it は、the computer のことを指すと考えてください。

 正解を 確定 接続詞の and は同じ性質のものを繋ぐ

and は「同じ性質のものを繋ぐ」ので、ここでは to switch と同質のもの、つ
まり不定詞と不定詞を、and を使って繋いだ to switch off the computer
and to restart it が本来の表現です。2 つ目の to を省略し to switch off the
computer and restart it としたものがこの文です。よって、正解は (A) です。

正解 **A**

文の要素を理解しよう

The repairperson / **told** / **Henry** / to switch off / the computer
　　　主語　　　　　　　動詞　　　目的語
　　　修理工は　　　　　言った　Henry に　スイッチを切る　　　パソコンの
　　　　　　　　　　　　　　　　　　　　　ように

/ and restart / it / to fix / the problem.

　そして再起動　それ　解決す　　　問題を
　するように　　を　　るため
　　　　　　　　　　　に

The repairperson told Henry / to switch off the computer
　　　修理工は Henry に言った　　　　　パソコンのスイッチを切るように

/ and restart it / to fix the problem.
そしてそれを再起動するように　問題を解決するために

GEAR UP! ◁) 098

The repairperson told Henry to
------- it to fix the problem.

(A) restart
(B) restarts
(C) restarted
(D) restarting

3

▶ 問題を解決する
☐ fix the problem
☐ solve the problem

4

■ パラレリズム
パラレリズムとは同じ文章内の複数のフレーズや節が、同じ文法
要素を持って並立することを意味する。

☐ My assistant will call and ask her about it.
　　私のアシスタントが電話して彼女にそのことについて尋ねます。

この文では、接続詞の and が動詞の原形である call と ask を繋い
でいる。

☐ Mr. Patel likes swimming, playing tennis, and walking
　　in the park.
　　Patel さんは水泳、テニスをすること、そして公園を散歩することが好きです。

この文では、動詞の doing 形がカンマと接続詞の and を使って
並立している。

Chapter.1

2

▶ ~の電源を入れる	▶ ~の電源を切る
□ switch on	□ switch off
□ turn on	□ turn off

switch off the computer and

1

tell somebody to do は「人に~するように言う」だが、同じパターンの表現で TOEIC に登場するものは以下のとおりである。便宜上動詞の目的語には somebody〈人〉を置いているが、動詞によっては人だけでなく物を置くことも可能。全て意味を言えるようにし、これらの動詞を見た際は動詞+人+ to do の形になることを思い出せるようにすること。

■ 動詞+人+ to do の形を取る動詞

□ tell somebody to do	人に~するように言う
□ ask somebody to do	人に~するように頼む
□ want somebody to do	人に~してほしい
□ encourage somebody to do	人に~するように促す
□ allow somebody to do	人が~するのを許す
□ enable somebody to do	人が~するのを可能にする
□ expect somebody to do	人が~するのを期待する
□ cause somebody to do	人が~するのを引き起こす
□ get somebody to do	人を説得して~させる
□ invite somebody to do	人に~するように勧める
□ instruct somebody to do	人に~するように指示する
□ oblige somebody to do	人に~する義務を負わせる
□ persuade somebody to do	人を説得して~させる
□ recommend somebody to do	人に~するように勧める

Mr. Makarenkova asked whether the conference date is adjustable, ------- he won't be in town on the scheduled date.

(A) despite
(B) however
(C) therefore
(D) as

POINT

接続詞・前置詞・副詞が 選択肢に並んでいる問題の理解

頻出度 🔥🔥🔥

語句		
□ ask whether		〜かどうか尋ねる
□ conference		会議
□ adjustable		調節できる
□ scheduled		予定されている

訳 Mr. Makarenkova asked whether the conference date is adjustable, as he won't be in town on the scheduled date.

Makarenkova さんは予定されている日は町にはいないので、会議の日付を調整することができるかどうかを尋ねました。

(A) despite	〜にもかかわらず：前置詞
(B) however	けれども：副詞
(C) therefore	したがって：副詞
(D) as	〜なので：接続詞

解説　正解への思考プロセス

 選択肢を 確認　接続詞、前置詞、副詞が並ぶ問題は定番

選択肢には前置詞、副詞、接続詞が並んでいます。

 正解を 絞り込む　空所の前後にそれぞれ節があることを確認

文頭から空所の前にあるカンマの間には1つ目の節が、空所の後ろには2つ目の節が続いています。

正解を 確定　接続詞の as は「〜なので」という理由を表す

2つの節を繋ぐことができるのは接続詞ですが、選択肢には (D) の as「〜なので」しか接続詞がありません。文意も通るのでこれが正解となります。

正解　D

> 文の要素を理解しよう

Mr. Makarenkova / asked / whether / the conference date

主語　　　　　　動詞　　　接続詞　　　　　　主語
Makarenkova さんは　尋ねた　〜かどうか　　　会議の日付は

/ is / adjustable, / as / he / won't be / in town / on the

動詞　補語　　　　接続詞　主語　動詞　　　　　
（＝）　調整できる　〜な　彼は　いないだろう　町に
　　　　　　　　　ので

scheduled date.

予定されている日は

＊ asked の目的語は whether the conference date is adjustable です。

167

もっと学び尽くす

英語の語順で理解しよう 🔊 100

Mr. Makarenkova asked / whether the conference date is adjustable,
Makarenkova さんは尋ねた　　　　　　会議の日付を調整できるかどうか

/ as he won't be in town / on the scheduled date.
　　彼は町にいないので　　　　予定されている日は

1

despite「～にもかかわらず」は notwithstanding や in spite of に言い換えることができる。

☐ In spite of the cold weather, my father went out without wearing a coat.

寒空にもかかわらず、父はコートを着ずに外出しました。

語句 ☐ go out 外出する　☐ without doing ～せずに

GEAR UP! 🔊 101

Mr. Makarenkova asked whether the conference date is adjustable, -------- he won't be in town on the scheduled date.

(A) despite
(B) however
(C) therefore
(D) as

2

理由を表す接続詞の as「～なので」は、because や since、for などに言い換えることができる。「理由を表す接続詞」の中で、for だけは「主節, for ＋従属節」という順番になる。他の3つは「主節＋接続詞＋従属節」の順番でも、「接続詞＋従属節, 主節」の順番でも使うことができる。

☐ Yulia was really tired, for she had worked for 12 hours yesterday.

Yulia は本当に疲れました、というのは、彼女は昨日 12 時間働いたからです。

語句 ☐ be tired 疲れている　☐ really 本当に　☐ for というのは～だからだ

☑ SKILL CHECK!

次の文の空所を埋めましょう。

① 命令文には _____ がなく、動詞の _____ から文を始める。

② quality の対義語は _____ である。

③ carry は「〜を運ぶ」だけでなく、「 _____ 」「 _____ 」という意味で使われることもある。

④ party は「パーティ（社交的な会合）」という意味でよく使われるが、他にも「 _____ 」や「 _____ 」という意味でも使われる。

⑤ 再帰代名詞は、主語と同一の人や物が、 _____ 場合に使われる形だ。

⑥ close は自動詞「閉じる」、他動詞「〜を閉じる」だけでなく、「 _____ 」という意味の形容詞としてもよく使われる。 _____ 「〜に近い」という形は頻出。

⑦「予約」という意味でよく使われる _____ には「懸念」という意味もある。

⑧ weekend「週末」の複数形は weekends だが、weekends は「 _____ 」という意味の副詞としても使われる。

解答は 238 ページへ
間違えたら 70、75、86、102、115、118、139、161 ページをもう一度チェックしよう。

169

In economic news today, a number of investors -------
interest in Payton Co.'s new project to build a factory
on the outskirts of London.

(A) have expressed
(B) has expressed
(C) is expressing
(D) expressing

POINT

主述の一致の理解

頻出度 🔥🔥🔥

語句	
□ economic	経済の
□ a number of	たくさんの
□ investor	投資家
□ interest	関心
□ build	～を建設する
□ factory	工場
□ on the outskirts of	～の郊外に

訳 In economic news today, a number of investors have expressed interest in Payton Co.'s new project to build a factory on the outskirts of London.

今日の経済ニュースによると、ロンドン郊外に工場を建設するという Payton 社の新しいプロジェクトに、たくさんの投資家たちが関心を示しているとのことです。

□ express	～を表す
(A) have expressed	現在完了形
(B) has expressed	現在完了形 (三人称単数)
(C) is expressing	現在進行形
(D) expressing	動名詞、現在分詞

解説 正解への思考プロセス

選択肢を確認 現在完了形 vs 現在進行形の問題
→ 空所には動詞が入るのかどうかも確認

選択肢には動詞 express「〜を表す」の活用形を使った現在完了形や現在進行形などが並んでいます。

正解を絞り込む 空所には動詞が入ることを確認

空所の前には a number of investors「たくさんの投資家」があり、後ろには名詞の interest「関心」が続いています。問題文には動詞がないので空所には動詞が入ることが分かります。

正解を確定 主語は複数形、動詞をこれに対応させる

主語の a number of investors は複数形なので、これと一緒に使えるのは (A) の have expressed「表している」です。(C) は are expressing なら正解になります。

正解 **A**

文の要素を理解しよう

In economic news today, / **a number of investors**
今日の経済ニュースによると　　　たくさんの投資家たちが（主語）

/ **have expressed** / **interest** / in Payton Co.'s new project
示している（動詞）　関心を（目的語）　Payton 社の新しいプロジェクトへの

/ to build / a factory / on the outskirts of London.
建てるという　工場を　　　ロンドンの郊外に

Chapter 1　Chapter 2　**Chapter 3 見極めが肝心—22問**　Chapter 4

英語の語順で理解しよう ◁)) 103

In economic news today, / a number of investors have expressed
今日の経済ニュースによると　　　たくさんの投資家たちが関心を示している

interest / in Payton Co.'s new project / to build a factory / on the
　　　　Payton 社の新しいプロジェクトへの　　工場を建てるという

outskirts of London.
ロンドンの郊外に

GEAR UP! ◁)) 104

In economic news today, a number of
Payton Co.'s new project to build a fa

(A) have expressed
(B) has expressed
(C) is expressing
(D) expressing

1

a number of は「たくさんの」だけでなく「いくつかの」という意味でも使われる。どちらの意味になるかは文脈から判断する。

☐ Recently a number of companies have started
competing with our food delivery service.

最近いくつかの会社が私たちの食品配達サービスと競合し始めました。

語句 ☐ recently 最近　☐ start doing 〜し始める
　　　☐ compete with 〜と競合する

2

interest「興味、関心」は不可算名詞としても可算名詞としても使われる。派生語を使った be interested in「〜に関心がある」も押さえておこう。また、interest には「利子、利益」という意味もあり、「利益、利害」という意味で使う場合には interests になるのが普通。

□ The bank teller always recommends the account which bears a high interest rate to customers.
　その銀行の窓口係は、いつも顧客に高利率の口座を薦めています。

語句　□ bank teller 銀行の窓口係
　　　□ recommend A to B A に B を薦める
　　　□ account 口座　□ bear（利益や利息）を生む
　　　□ interest rate 利率、金利

investors ------- interest in
ctory on the outskirts of London.

3

on the outskirts of「〜の郊外に」は in the suburbs of に言い換えることができる。

□ Lilac Co. has its headquarters on the outskirts of Mexico City.
□ Lilac Co. has its headquarters in the suburbs of Mexico City.
　Lilac 社はメキシコシティの郊外に本社を構えています。

語句　□ headquarters 本社

The responsibility was all on ------- to make sure the team worked together and met the sales targets.

(A) she
(B) her
(C) hers
(D) herself

人称代名詞の使い方の理解

頻出度 🔥🔥🔥

語句
- □ responsibility   責任
- □ make sure (that)   確実に~する
- □ work together   一丸となって働く
- □ meet the sales target   売り上げ目標を達成する

訳 The responsibility was all on her to make sure the team worked together and met the sales targets.

チームが一丸となって働き、売り上げ目標を達成することの責任は、全て彼女にありました。

(A) she	彼女は：人称代名詞の主格
(B) her	彼女を・彼女に：人称代名詞の目的格、
	彼女の：人称代名詞の所有格
(C) hers	彼女のもの：所有代名詞
(D) herself	彼女自身：再帰代名詞

解説 正解への思考プロセス

選択肢を確認 **代名詞が並んでいることを確認**

選択肢には人称代名詞と所有代名詞、再帰代名詞が並んでいます。

正解を絞り込む **前置詞の目的語になれるのは目的格、所有代名詞、再帰代名詞**

空所の前には前置詞の on（接触を表す前置詞）があり、後ろには不定詞の to make が続いています。前置詞の後ろに単独で置けるのは、目的格の人称代名詞である (B) her「彼女に」、所有代名詞の (C) hers「彼女のもの」、そして再帰代名詞の (D) herself「彼女自身」です。

正解を確定 **文法で絞り込み文意が通るものを選んで正解を確定**

正解は (B) の her です。空所の前にある on は「接触」、つまり「くっ付いている」というイメージを持つ前置詞です。The responsibility was all on ... は「責任は全て〜にくっ付いていた」、つまり「責任は全て〜にあった」という意味です。空所に her を入れれば「責任は全て彼女にありました」となり文意が通ります。(C) は空所に入れた場合文意が通らず、(D) herself は一見使えそうだと思う方もいるかもしれませんが、再帰代名詞は「主語が同じ節の中に再び登場する」場合に使うのが基本です。

正解 **B**

● 文の要素を理解しよう

The responsibility / **was** / **all on her** / to make sure / the team
　　主語　　　　　　動詞　　補語
　　責任は　　　　　（＝）　全て彼女に　確実にするという　チームが
　　　　　　　　　　　　　あった

/ worked together / and met / the sales targets.

　一丸となって働く　そして達成する　売り上げ目標を

英語の語順で理解しよう ◁)) 106

The responsibility was all on her / to make sure
　　　　責任は全て彼女にあった　　　　　　確実にするという

/ the team worked together and met the sales targets.
　　チームが一丸となって働き、売り上げ目標を達成すること

1

make sure (that) は後ろに節が続き、「～を確認する」、「確実に～する」という意味になる。また、ここで使われている接続詞の that は省略することができる。

☐ Customers should call ahead to make sure that the store is open.
☐ Customers should call ahead to make sure the store is open.
お客様はお店が開いていることを確認するために事前に電話するべきです。

語句 ☐ customer 客　☐ call ahead 事前に電話する

GEAR UP! ◁)) 107

The responsibility was all on ------- to make sure the team worked together and met the sales targets.

(A) she
(B) her
(C) hers
(D) herself

2

■ 再帰代名詞の使い方の例
☐ Mr. Sugabayashi was able to solve the problem himself.
Sugabayashi さんは自力でその問題を解決することができました。

語句 ☐ be able to do ～することができる
　　☐ solve ～を解決する
　　☐ himself 彼自身

☑ SKILL CHECK!

次の英文の空所を埋めましょう。

① It's been _____ _____.
しばらくぶりですね。

② We ensure that our _____ products remain consistent.
当社の質の良い製品は一貫して変わらないことを私たちは保証します。

③ _____ Mr. Jordan couldn't pass the exam.
Jordan さんでさえその試験に合格することはできませんでした。

④ All stays at our hotel come with airport pickup by way of our private shuttle service.
= All stays at our hotel come with airport pickup _____ our private shuttle service.
私共のホテルへの宿泊には、専用のシャトルサービスでの空港への送迎が付いてきます。

⑤ This is the library where we first met.
= This is the library _____ _____ we first met.
ここは私たちが初めて出会った図書館です。

⑥ We should _____ pride in being pioneers in this field.
私たちはこの分野での先駆者であることを誇りに思うべきです。

⑦ The market is held _____ at a farm in central London.
そのマーケットはロンドンの中心部にある農場で毎年開催されています。

解答は 238 ページへ
間違えたら 34、75、79、91、110、115、160 ページをもう一度チェックしよう。

This water bottom cleaning device is designed to maneuver across ocean floors, extract debris and is able to go deeper than ------- other subaquatic device known.

(A) many
(B) much
(C) each
(D) any

比較級を使った
最上級を表す表現の理解

頻出度 🔥🔥🔥

語句	□ be designed to do	~するように設計されている
	□ maneuver	操作する
	□ across	~を横切って
	□ ocean floor	海底
	□ extract	~を摘出する
	□ debris	がらくた
	□ subaquatic device	水面下でも使える装置

訳 This water bottom cleaning device is designed to maneuver across ocean floors, extract debris and is able to go deeper than any other subaquatic device known.

この水底清掃装置は、海底を横断して操作し、がらくたを摘出するように設計されており、世に知られている他のどの水面下でも使える装置よりも深いところに行くことができます。

(A) many	たくさんの：形容詞
(B) much	たくさんの：形容詞
(C) each	それぞれの：形容詞
(D) any	どの：形容詞

解説 正解への思考プロセス

 選択肢を 確認
**数量形容詞（名詞の数や量を表す形容詞）が
並んでいることを確認**

選択肢には様々な形容詞が並んでおり、これらは名詞の数や量を表すものばかりです。

 正解を 絞り込む
空所の前にある than と後ろに続く other に注目

空所の前には「動詞＋副詞の比較級＋接続詞」の go deeper than「〜よりも深く行く」があり、後ろには名詞句の other subaquatic device「他の水面下でも使える装置」が続いています。device の後ろにある過去分詞の known「知られている」は、1語で後ろから名詞句を修飾しています。

正解を 確定
**「than any other ＋単数形」の
流れになると考える＋文意も確認**

「than any other ＋単数形」は「他のどの〜よりも」という意味を表し、比較級の文で使われます。文意も通るので、正解は (D) の any「どの」です。

正解 **D**

●
文の要素を理解しよう

This water bottom cleaning device / is designed

主語
この水底清掃装置は   動詞
設計されている

/ to maneuver / across ocean floors, / extract debris / and

   操作するように   海底を横断して   がらくたを摘出する   接続詞
そして

/ is able to go deeper / than any other subaquatic device known.

動詞
より深いところに行くこと   知られている他のどの水面下でも使える装置よりも
ができる

＊ ここでは is designed のような受動態のカタマリを動詞としています。

＊ extract の前には本来は to が付きます。to maneuver across ocean floors and to extract debris が本来の形ですが、and がカンマになり2つ目の to が省略されたと考えてください。

＊ is able to go deeper の主語は This water bottom cleaning device です。

＊ is able to go deeper は「be 動詞＋形容詞＋不定詞＋副詞」から成るカタマリですが、ここではまとめて動詞としています。

英語の語順で理解しよう ◁)) 109

This water bottom cleaning device is designed / to maneuver
この水底清掃装置は設計されている　　　海底を横断して操作するように

across ocean floors, / extract debris / and is able to go deeper
　　　　　　がらくたを摘出する　そしてより深いところに行くことができる

/ than any other subaquatic device known.
知られている他のどの水面下でも使える装置よりも

GEAR UP! ◁)) 110

This water bottom cleaning device is designed
to maneuver across ocean floors, extract
debris and is able to go deeper than -------
other subaquatic device known.

(A) many
(B) much
(C) each
(D) any

2

過去分詞の known「知られている」は単独で形容詞として後ろから前にある名詞句 any other subaquatic device を説明している。このように過去分詞が名詞（句）を単独で後ろから修飾するパターンも、TOEIC ではしばしば出題される。

□ Please check your response sheet given.
渡された回答用紙を確認してください。

語句 □ check ～を確認する　□ response sheet
回答用紙　□ given 与えられた

3

many の後ろに名詞を置く場合は可算名詞の複数形を置き、much の後ろに名詞を置く場合は不可算名詞を置く。

□ Our factory produces a wide variety of products for many
different companies.
私たちの工場は様々な企業の幅広い製品を製造しています。

語句 □ factory 工場　□ produce ～を製造する
□ a wide variety of 幅広い　□ product 製品　□ different 様々な

1

device「装置」は可算名詞だが、同じ「装置」を意味する equipment は不可算名詞。不可算名詞には冠詞の a/an は付かず、語尾に複数形を表す −s も付かない。

☐ SCS Co., Ltd. utilizes the latest technology to develop innovative mechanical equipment.

SCS 社は革新的な機器を開発するために、最新の技術を利用しています。

語句 ☐ utilize ～を利用する　☐ latest 最新の　☐ technology 技術
☐ develop ～を開発する　☐ innovative 革新的な
☐ mechanical equipment 機器

4

each「それぞれの」、every「全ての」、そして another「もう一つの」の後ろに名詞を置く場合には、いずれも可算名詞の単数形が続く。each は each of ＋複数形「～のそれぞれ」という使い方をすることもできる。each of ＋複数形は単数を表す each がメインなので、each of ＋複数形が主語の場合は動詞の形（主語は三人称単数扱い）に注意する。

☐ Ms. Chan gives a formal address at the awards ceremony every year.

Chan さんは毎年授賞式でフォーマルな挨拶をします。

語句 ☐ formal 正式な　☐ address 演説　☐ awards ceremony 授賞式
☐ every year 毎年

☐ Each of their sales representatives is going to come to our branch next week.

彼らの販売員のそれぞれが、来週私たちの支店に来る予定です。

語句 ☐ sales representative 販売員　☐ be going to do ～する予定だ
☐ branch 支店

☐ One of our colleagues advised us that we should get input from another branch manager.

私たちの同僚の一人は、もう一人の支店長から意見を聞くべきだとアドバイスしました。

語句 ☐ colleague 同僚　☐ advise A that A に～ということをアドバイスする
☐ input 意見　☐ branch manager 支店長

Julia ------- in the factory since she left high school at 18 and will be celebrating her 30th anniversary at Roadside Resort Co. next month.

(A) will work
(B) has been working
(C) had been working
(D) works

POINT

時制の理解

頻出度 🔥🔥🔥

語句		
□ factory		工場
□ since		～して以来ずっと
□ celebrate		～を祝う
□ anniversary		記念日、～周年

訳 Julia has been working in the factory since she left high school at 18 and will be celebrating her 30th anniversary at Roadside Resort Co. next month.

Julia は 18 歳で高校を出て以来その工場でずっと働いていて、来月 Roadside Resort 社にて 30 周年を祝います。

□ work		働く
(A) will work		動詞の未来を表す表現
(B) has been working		現在完了進行形
(C) had been working		過去完了進行形
(D) works		動詞の三人称単数現在形

解説 正解への思考プロセス

 選択肢を
確認 **時制を問う問題であることを確認**

選択肢には動詞 work「働く」の様々な形が並んでいます。

 正解を
絞り込む **時制に関わる接続詞の since に注目**

空所の前には空所のある節の主語になる Julia があり、後ろには前置詞から始まる副詞句の in the factory「その工場で」が続き、さらにその後ろには接続詞の since「～して以来ずっと」から始まる節が続いています。

 正解を
確定 **「since ＋過去」→ 主節は現在完了形**

since から始まる節の時制は過去なので、空所を含む主節（＝メインの文）には「過去～現在」を表す「現在完了形」が適切であることが分かります。よって、正解は (B) の has been working「ずっと働いている」になります。現在完了形の時制は当然のことながら「現在」、and 以下の節では will を使った「未来を表す表現」がありますが、未来を表す表現の時制も「現在」です。よって、問題文の時制は全て「現在」ということになります。

正解　**B**

● 文の要素を理解しよう

Julia / **has been working** / in the factory / |since| / **she**
　主語　　　　　　　動詞　　　　　　　　　　　　|接続詞|　　主語
　Julia は　　　ずっと働いている　　　その工場で　　～して　彼女が
　　　　　　　　　　　　　　　　　　　　　　　　　　　以来

/ **left** / **high school** / at 18 / |and| / **will be celebrating**
　動詞　　　目的語　　　　　　　　　|接続詞|　　　　動詞
　卒業した　高校を　　　18 歳で　そして　　　祝う予定だ

/ **her 30th anniversary** / at Roadside Resort Co. / next month.
　　　　目的語
　彼女の 30 周年を　　　　　Roadside Resort 社で　　　　　来月

＊ will be celebrating の主語は Julia (she) です。

Chapter 1　Chapter 2　**Chapter 3** 見極めが肝心──22 問　Chapter 4

183

英語の語順で理解しよう 〈 ◁)) 112

Julia has been working in the factory / since she left high school
　　Julia はその工場でずっと働いている　　　彼女が 18 歳で高校を卒業して以来

at 18 / and will be celebrating her 30th anniversary / at Roadside
　　　　　　そして彼女の 30 周年を祝う

Resort Co. next month.
来月 Roadside Resort 社で

GEAR UP! ◁)) 113

Julia ------- in the factory since she left
high school at 18 and will be celebrating
her 30th anniversary at Roadside Resort
Co. next month.

(A) will work
(B) has been working
(C) had been working
(D) works

本問では現在完了形が使われているが、TOEIC では過去完了形も出題対
象。過去完了形は「ある過去の時点」において「それよりもさらに過去に始
まったことが完了した」ことを表す表現だ。

□ The bus had already left before I got to the bus stop.
　　私がバス停に到着する前に、バスはすでに発車してしまっていました。

語句 □ already すでに　□ leave 出発する　□ before ～する前に
　　　□ get to ～に着く　□ bus stop バス停

この例文では最初の節で過去完了形、続く節では過去形が使われている。
「私がバス停に着いた」という過去の出来事よりも「さらに過去の時点」で
「バスが出発してしまった」ことを表す際に、このように had ＋過去分詞か
ら成る過去完了形を使う。

☑ SKILL CHECK!

次の「状態」や「性質」を表す名詞の意味を答えましょう。

① necessity   [   ]
② facility   [   ]
③ stability   [   ]
④ possibility   [   ]
⑤ similarity   [   ]
⑥ accessibility   [   ]
⑦ availability   [   ]
⑧ electricity   [   ]
⑨ vitality   [   ]
⑩ equality   [   ]
⑪ capability   [   ]
⑫ hospitality   [   ]
⑬ complexity   [   ]
⑭ diversity   [   ]
⑮ capacity   [   ]

解答は 238 ページへ
間違えたら153ページをもう一度チェックしよう。

If our supervisor could have persuaded the client to agree to the design amendments, productivity ------- by at least thirty percent.

(A) will be increasing
(B) will have increased
(C) would increase
(D) would have increased

POINT

仮定法の理解

頻出度 🔥🔥🔥

語句		
□ supervisor		上司
□ persuade somebody to do		人を説得して~させる
□ client		顧客
□ agree to		~に同意する
□ design		設計図
□ amendment		修正
□ productivity		生産性
□ at least		少なくとも

訳 If our supervisor could have persuaded the client to agree to the design amendments, productivity would have increased by at least thirty percent.

もし私たちの上司が顧客を説得して設計図の修正に同意させることができていれば、生産性は少なくとも30パーセント向上していたでしょう。

□ increase	増える、~を増やす、増加
(A) will be increasing	未来進行形
(B) will have increased	未来完了形
(C) would increase	過去形
(D) would have increased	過去完了形

選択肢を確認 will や would が並んでいるのを確認
→ 時制や仮定法の問題だと推測

選択肢には動詞 increase「増える、~を増やす」の様々な形が並んでいます。

正解を絞り込む if 節に過去完了が使われていることを確認

最初にある if 節には could have persuaded があることから、本問では仮定法過去完了（過去の事実に反する内容を表します）が使われていると判断することができます。

正解を確認 if 節が仮定法過去完了
→ 主節では「助動詞の過去形＋ have ＋過去分詞」を使う

if 節で過去完了形が使われている場合、もう一つの節では「助動詞の過去形＋ have ＋過去分詞」が使われます。よって、正解は (D) の would have increased「向上していただろう」になります。

正解　**D**

文の要素を理解しよう

If / **our supervisor** / **could have persuaded** / **the client**

|接続詞|主語|動詞|目的語|
|もし|私たちの上司が|説得することができていれば|顧客を|

/ to agree / to the design amendments, / **productivity**

| | |主語|
|同意することを|設計図の修正に|生産性は|

/ **would have increased** / by at least thirty percent.

| 動詞 | |
|向上しただろう|少なくとも 30 パーセント|

＊ could have persuaded は助動詞＋現在完了形ですが、ここではまとめて動詞としています。

英語の語順で理解しよう 🔊 115

If our supervisor could have persuaded the client / to agree to the
　　もし私たちの上司が顧客を説得することができていれば

design amendments, / productivity would have increased / by at
設計図の修正に同意することを　　　　　生産性は向上しただろう

least thirty percent.
少なくとも 30 パーセント

GEAR UP! 🔊 116

If our supervisor could have persu
design amendments, productivity

(A) will be increasing
(B) will have increased
(C) would increase
(D) would have increased

1

仮定法過去完了は、if 節（従属節）では had ＋過去分詞、もう一つ
の節（主節）では助動詞の過去形＋ have ＋過去分詞を使って表し、
「過去の事実に反する内容」を表す場合に使う。仮定法過去は if 節
では過去形、主節では助動詞の過去形＋動詞の原形を使って表し、
「現在の事実に反する内容」を表す場合に使う。

□ Mr. Middleton would have gotten promoted if he had
　worked harder.
　Middleton さんは、もっと一生懸命働いていたら、昇進したでしょう。

語句 □ get promoted 昇進する　□ hard 一生懸命

2

agree to ＋名詞（意見・提案・計画）は「～に同意する」、
agree to do は「～することに同意する」を表す。

☐ Tanzania Escape Co. and the union agreed to a
pay raise at the meeting yesterday.

Tanzania Escape 社と組合は昨日の会議で賃上げに合意しました。

語句　☐ union 組合　☐ pay raise 賃上げ

aded the client to agree to the
------- by at least thirty percent.

3

increase by ... percent「…パーセント増加する」と
decrease by ... percent「…パーセント減少する」は
頻出なのでセットで押さえておこう。

☐ The cost of tuition is expected to decrease by
10 percent next year.

学費は来年 10 パーセント下がると見込まれています。

語句　☐ the cost of tuition 学費
　　　☐ be expected to do ～する見込みだ

The competitors have been working hard to find out
------- BWS Ltd. got their product on the market so
early.

(A) how
(B) which
(C) who
(D) when

間接疑問文の理解

頻出度 🔥🔥🔥

語句 □ competitor　　　　　　競合他社
　　 □ find out　　　　　　　　～を明らかにする
　　 □ get A on the market　A を市場に出す
　　 □ product　　　　　　　　製品
　　 □ early　　　　　　　　　早く

訳　The competitors have been working hard to find out how BWS Ltd.
　　got their product on the market so early.

　　競合他社は BWS 社がどのようにしてそんなに早く製品を市場に出したのかを明
　　らかにするために、熱心に取り組み続けています。

(A) how	副詞：どのように
(B) which	代名詞：どれ
(C) who	代名詞：誰
(D) when	副詞：いつ

解説 正解への思考プロセス

選択肢を 確認 **疑問詞として使われるものが並んでいることを確認**

選択肢には代名詞と副詞（いずれも疑問詞）が並んでいます。

正解を 絞り込む **句動詞 find out の後ろには目的語となる名詞節が続く**

空所の前には句動詞 find out「～を明らかにする」があり、後ろには BWS Ltd. got their product on the market so early「BWS 社は製品を市場にそんなに早く出した」が続いています。空所以降は、find out の目的語となる名詞節になると考えてください。

正解を 確定 **「how ＋主語＋動詞＋α」は「どのように～は…するのか」という名詞節を作る**

空所に入れて文意が通るのは (A) の how「どのように」です。「how ＋主語＋動詞＋α」は「どのように～は…するのか」という名詞節で、この名詞節は句動詞 find out の目的語となっています。このように文中に疑問文がある文を間接疑問文と言います。関節疑問となる部分は、文中では「疑問詞＋主語＋動詞＋α」の語順になります。

正解 A

> **文の要素を理解しよう**

The competitors / have been working hard / to find out
　　　　主語　　　　　　　　　　　動詞
　　競合他社は　　　　　熱心に取り組み続けている　　明らかにするために

/ how / BWS Ltd. / got / their product / on the market / so early.

　どの　　BWS 社が　出した　　彼らの製品を　　　　市場に　　　そんなに早く
　ように　　　　　のか

＊find out の目的語は how BWS Ltd. got their product on the market so early で、これは名詞節になります。「疑問詞＋主語＋動詞＋α」が名詞節となって文の主語や目的語となるパターンです。

＊have been working hard は「現在完了進行形＋副詞」ですが、ここではこれらをまとめて動詞としています。

もっと学び尽くす

英語の語順で理解しよう ⟨ ◁»)) 118

The competitors have been working hard / to find out
競合他社は熱心に取り組み続けている　　　明らかにするために

/ how BWS Ltd. got their product on the market so early.
どのように BWS 社がそんなに早く製品を市場に出したのか

GEAR UP! ◁»)) 119

The competitors have been working
hard to find out ------- BWS Ltd. got their
product on the market so early.

(A) how
(B) which
(C) who
(D) when

本問で使われている間接疑問文とは、文の一部に目的語として疑問を表す
名詞節が組み込まれた文のこと。以下の通常の疑問文（直接疑問文）と間
接疑問文の例文を見て構造の違いを理解しよう。

1. 直接疑問文

☐ How did CTU Ltd. get their product on the market so early?
CTU 社はどのようにしてそんなに早く製品を市場に出したのですか。

2. 間接疑問文

☐ I didn't know how CTU Ltd. got their product on the market
so early.
私は CTU 社がどのようにしてそんなに早く製品を市場に出したのか分かりませんでした。

✔SKILL CHECK!

次の説明のうち正しいものには○、正しくないものには
×を [　] に入れましょう。

① rarely がある文は、肯定文でも否定的な内容にな
る。　　　　　　　　　　　　　　　　　　 [　]

② pack は「～を詰め込む」の他に「～を携行する」と
いう意味でも使われる。　　　　　　　　 [　]

③ continue の後ろには不定詞ではなく動詞の doing
形が続く。　　　　　　　　　　　　　　 [　]

④ 接続副詞は節と節を繋ぐことはできない。　 [　]

⑤ 接続詞の that の後ろには、主語が欠けた「不完全な
文」が続く。　　　　　　　　　　　　　 [　]

⑥ 形容詞と副詞が同形のものは、early や enough な
どがある。　　　　　　　　　　　　　　 [　]

⑦ assistance は可算名詞である。　　　　　 [　]

⑧ on the outskirts of は in the suburbs of に言
い換えることができる。　　　　　　　　 [　]

解答は 238 ページへ
間違えたら 31、38、55、75、127、157、173 ページをもう一度チェックしよう。

Mr. Musk quit his highly paid job ------- as to take a position as a dance instructor.

(A) even
(B) also
(C) so
(D) yet

副詞を使ったフレーズの理解

頻出度 🔥🔥🔥

語句		
□ quit		～を辞める
□ highly paid job		高賃金の仕事
□ as		～として
□ instructor		インストラクター

訳 Mr. Musk quit his highly paid job so as to take a position as a dance instructor.

Musk さんはダンスのインストラクターの職に就くために高賃金の仕事を辞めました。

(A) even	副詞：～でさえ
(B) also	副詞：～もまた
(C) so	副詞：そのように
(D) yet	副詞：まだ

解説 正解への思考プロセス

 選択肢を確認 全て副詞

選択肢には副詞が並んでいます。

 正解を絞り込む 空所の後ろに続く as to に注目

空所の後ろには as to が続いており、ここを見た瞬間に「so as to do（〜するために）の形になる」と気付けることが肝要です。

正解を確定 so as to do だと判断 → 文意を確認

空所に so を入れると、空所の後ろが空所の前の内容の「理由」となる文が完成するため、正解は (C) です。

正解 C

文の要素を理解しよう

Mr. Musk / quit / his highly paid job / so as to take a position

主語 / 動詞 / 目的語
Musk さんは / 辞めた / 彼の高賃金の仕事を / 職に就くために

/ as a dance instructor.

ダンスのインストラクターとしての

＊so as to do ＋αは「副詞＋接続詞＋ to 不定詞」ですが、文意を理解する上で分解する必要はないと考えるため、ここではひとかたまりの表現として扱っています。

COLUMN 大人だからこそ、TOEIC

大人になると、目に見える形で努力が報われることは決して多くはありません。その数少ないチャンスを、僕たち全員に平等に与えてくれるのが TOEIC なのです。

Chapter 1　Chapter 2　Chapter 3 見極めが肝心──22問　Chapter 4

もっと学び尽くす

Mr. Musk quit his highly paid job / so as to take a position
　　Musk さんは高賃金の仕事を辞めた　　　　　　職に就くために

/ as a dance instructor.
ダンスのインストラクターとしての

GEAR UP! ◁⑴ 122

Mr. Musk quit his highly paid _____
as a dance instructor.

(A) even
(B) also
(C) so
(D) yet

1

quit「〜を辞める」は原形、過去形、そして過去分詞も
quit。本問では主語が Mr. Musk という三人称単数であ
るのに動詞の quit には三単現の s が付いていない。よっ
て、「この quit は過去形である」と判断することができる。

□ Laura quit her job yesterday and went back to
　her hometown.

　Laura は昨日仕事を辞め、地元に帰りました。

語句 □ go back to 〜に帰る　□ hometown 地元

196

2

so as to do「〜するために」は in order to do に言い換えることが可能。

□ So as to release the pressure, turn the valve handle clockwise.

□ In order to release the pressure, turn the valve handle clockwise.

空気を抜くためには、バルブを時計回りに回してください。

語句 □ release the pressure 空気を抜く　□ turn 〜を回す
　　 □ valve handle バルブハンドル
　　 □ clockwise 時計回りに

job ------- as to take a position

3

yet「まだ」は「今までの中で」という意味で最上級を表す表現と共に使われることがある。

□ This is the most interesting book yet.

これは今まで読んだ本の中で一番面白い本です。

語句 □ interesting 面白い

It has been a long hard year of training for Emilia Lazzari but she can now rest ------- her success at the World Championships.

(A) follow
(B) followed
(C) following
(D) to follow

POINT

前置詞＋名詞のパターンの理解

頻出度 🔥🔥🔥

語句	□ rest	休息する
	□ success	成功

訳 It has been a long hard year of training for Emilia Lazzari but she can now rest following her success at the World Championships.

Emilia Lazzari にとって長く厳しい練習漬けの1年でしたが、世界選手権で優勝した今、彼女は休息を得ることができます。

□ follow	～に続く
(A) follow	動詞の原形・現在形
(B) followed	動詞の過去形、(followed by で) 次に～がある
(C) following	動名詞、現在分詞、～の後で：前置詞
(D) to follow	不定詞

動詞の活用形が並んでいる場合は 問題文に動詞があるかどうかを確認

 選択肢を 確認

選択肢には動詞 follow「〜に続く」の活用形などが並んでいます。

空所には動詞は入らない

 正解を 絞り込む

空所の前には動詞句の can now rest「今は休息できる」があり、後ろには名詞
句の her success「彼女の成功」が続いています。

following は前置詞で「〜の後で」という意味

 正解を 確定

空所の直後にある名詞 her success の前に置いて文意が通るのは、前置詞の
(C) following「〜の後で」です。

正解 **C**

文の要素を理解しよう

It / **has been** / **a long hard year** / of training / for Emilia Lazzari
主語　　 動詞　　　　　 補語
それは　〜だった　　　 長く厳しい1年　　　 練習の　　　Emilia Lazzari にとって

/ but / **she** / **can now rest** / following her success / at the World
接続詞　 主語　　　 動詞
しかし 彼女は 今は休息することが　　　 成功の後なので　　　世界選手権での
　　　　　　　 できる

Championships.

● 英語の語順で理解しよう ◁)) 124

It has been a long hard year of training for Emilia Lazzari
Emilia Lazzari にとって、それは長く厳しい練習の1年だった

/ but she can now rest / following her success / at the World
しかし彼女は、今は休息することができる　　成功の後なので　　世界選手権での

Championships.

GEAR UP! ◁)) 125

It has been a long hard year
now rest ------- her success

(A) follow
(B) followed
(C) following
(D) to follow

1

A is followed by B. は「Aの次にBが来ます（あ
ります）」という意味になる。

□ Pankaj's presentation was followed by a
standing ovation.
Pankaj のプレゼンの後でスタンディング・オベーションが起き
ました。

語句 □ presentation プレゼン
　　 □ standing ovation スタンディング・オベーション

TOEIC は「努力する人を絶対に裏切らない」テストだと僕は信じていますし、これまで受験し続けてきた経験、そして指導をしてきた経験からそう断言できます。きちんと正しいやり方で取り組めば、結果は必ずついてきます。自分を信じて学習を続けてみてください。勉強を「やらないで」後悔することはあるかもしれませんが、勉強を「やって」後悔をすることはまずありません。

of training for Emilia Lazzari but she can
at the World Championships.

2

following には動名詞「〜に続くこと」、現在分詞「〜に続いている」、形容詞「次の」、そして前置詞「〜の後で」という使い方がある。前置詞の following は前置詞の after と同じような使い方をすることを特に押さえておきたい。

☐ We are going to release a few updates for the software in the following week's meeting.
私たちは翌週の会議でそのソフトウエア用のいくつかのアップデートを発表する予定です。

語句 ☐ be going to do 〜する予定だ
☐ release 〜を発表する
☐ a few いくつかの
☐ update for 〜用のアップデート

問題
42

🔊 126

It took a long time to decide on a course of action
------- all employees were able to believe.

(A) whose
(B) in which
(C) of which
(D) what

POINT

関係代名詞の理解

頻出度 🔥🔥🔥

語句
- decide on ～について決める
- course of action 行動指針
- employee 従業員
- be able to do ～することができる

訳 It took a long time to decide on a course of action in which all
employees were able to believe.

全ての従業員がその正当性を信じることができる行動指針を決定するのには、長
い時間がかかりました。

(A) whose	関係代名詞の所有格
(B) in which	in ＋関係代名詞の目的格
(C) of which	of ＋関係代名詞の目的格
(D) what	先行詞を含んだ関係代名詞（＝ the thing(s) which）

選択肢を確認 **関係代名詞が並んでいることを確認**

選択肢には関係代名詞が並んでいます。

 正解を絞り込む **course of action が先行詞、後ろに続く all employees を先行詞は所有していない**

空所の前には先行詞となり得る名詞句の course of action「行動指針」があり、後ろには all employees were able to believe「全ての従業員が信じることができた」が続いています。関係代名詞の what は先行詞を含んでいるので正解にはなり得ず、空所の後ろに続く all employees を先行詞の course of action は所有しないので whose も正解候補から外れます。

 正解を確定 **in which の in は、believe in の in**

all employees were able to believe には目的語の後ろには何もないため、空所の前にある course of action が believe の目的語になるのではと考えます。believe は前置詞の in とセットになって believe in「〜の正当性を信じる」という句動詞を作るため、前置詞の in が前に出て関係代名詞の前に置かれる形となっている (B) の in which が正解となります。

正解　B

▶ 文の要素を理解しよう

It / **took** / **a long time** / to decide / on a course of action
主語　　動詞　　　目的語
（to 以下　　かかった　　長い時間が　　決定するのに　　　　行動指針を
の内容は）

/ in which / all employees / were able to believe.
（関係代名詞の目的格）　　（主語）　　　　　　　　（動詞）
　　そしてそれを　　全ての従業員が　　信じることができる（た）

＊ It の内容は to decide 以下になります。
＊目的格の関係代名詞 which の先行詞は course of action です。
＊関係代名詞節は、元々は All employees were able to believe in couse of action. であると考えてください。

英語の語順で理解しよう ◁)) 127

It took a long time / to decide on a course of action
　　長い時間がかかった　　　　　　　行動指針を決定するのに

/ in which all employees were able to believe.
　　全ての従業員が（その）正当性を信じることができる（た）

GEAR UP! ◁)) 128

It took a long time to decide on
were able to believe.

(A) whose
(B) in which
(C) of which
(D) what

---

a course of action ------- all employees

1

関係副詞の where は in which や at which に言い換えることができる。しかし、in which や at which が必ずしも where に言い換えられるわけではない。本問の in which は where に言い換えることができないパターン。関係副詞の where は「場所を表す名詞」が先行詞になるが、本問の先行詞である course of action はそれには当たらない。believe in「〜の正当性を信じる」の in が、たまたま関係代名詞の which の前に来て in which を作っているだけなのだ。believe は「思う」だが、believe in は「〜を支持する」のような意味で使われることを押さえておいてほしい。

☐ My father said that he didn't believe in anything he couldn't see with his own eyes.

　私の父は、自分の目で見ることができるもの以外は何も信じないと言いました。

語句 ☐ anything 何か　☐ one's own 〜自身の

☐ Michiko went to the park in front of the station where she first met her best friend.

☐ Michiko went to the park in front of the station at which she first met her best friend.

　Michiko は駅前にある公園に行きましたが、そこは彼女が親友と初めて会った場所でした。

語句 ☐ in front of 〜の前に　☐ meet 〜と会う　☐ best friend 親友

Passengers heading for Arena Mexico should be aware that ------- an engine problem there will be a bus connection for the latter part of the journey now.

(A) instead of
(B) as
(C) because of
(D) since

POINT

接続詞と前置詞（句）が 選択肢に並んでいる問題の理解

頻出度 🔥🔥🔥

語句		
□ passenger	乗客	
□ head for	～に向かう	
□ be aware that	～に気付いている	
□ engine problem	エンジントラブル	
□ there be	～がある	
□ bus connection	バスの乗り換え	
□ latter	後半の	
□ journey	旅行	
□ now	これから	

訳 Passengers heading for Arena Mexico should be aware that because of an engine problem there will be a bus connection for the latter part of the journey now.

アリーナ・メキシコに向かう乗客は、エンジントラブルが原因で今後旅行の後半でバスを乗り換えなくてはならないことを知っておくべきです。

(A) instead of	～の代わりに：前置詞句
(B) as	～なので：接続詞、～として：前置詞
(C) because of	～が原因で：前置詞句
(D) since	～して以来、～なので：接続詞、～以来：前置詞

解説　正解への思考プロセス

選択肢を確認 接続詞 vs 前置詞の問題では節の数を確認

選択肢には接続詞と前置詞（句）が並んでいます。ただし、(B) の as と (D) の since は接続詞としても前置詞としても使われるということに注意が必要です。このタイプの問題では問題文中の節の数を必ず確認するようにします。問題文中に節が1つであれば接続詞は不要、2つ節があれば接続詞が1つ必要になります。

正解を絞り込む 問題文中に節は 2 つ、接続詞が 1 つ、よって空所に接続詞は入らない

空所の前には接続詞の that があり、後ろには an engine problem there will be a bus connection が続いていますが、これは an engine problem「エンジントラブル」と there will be a bus connection「バスの乗り継ぎがある」の 2 つに分けられると考えてください。接続詞の that が前後にある 2 つの節を繋いでいる形となっています。

正解を確定 文意が通るのは because of

an engine problem は名詞句なので、前には前置詞（句）が入ります。選択肢の語（句）は全て前置詞（句）として機能しますが、理由を表す (C) の because of「～が原因で」を空所に入れると because of an engine problem there will be a bus connection「エンジントラブルのせいでバスの乗り継ぎがある（バスを乗り換えなくてはならない）」となり文意が通ります。

文の要素を理解しよう

正解　C

Passengers heading for Arena Mexico / should be / aware
　　　　　　主語　　　　　　　　　　　　　　　　　動詞　　　　補語
　　アリーナ・メキシコに向かう乗客は　　　　　　～であるべきだ　気付いて

/ that / because of / an engine problem / there will be
　接続詞　　　　　　　　　　　　　　　　　　　　　　　動詞
（何に気付くべき　～のせいで　　　　エンジントラブル　　　～があるだろう
なのかというと）

/ a bus connection / for the latter part / of the journey now.
　　　主語
　バスの乗り継ぎ　　　　　　　後半で　　　　　今後旅行の

＊there be 構文の動詞は be、主語は there be に続く名詞ですが、ここでは there will be の
カタマリをまとめて動詞としています。

もっと学び尽くす

英語の語順で理解しよう 〈 ◁)) 130

Passengers heading for Arena Mexico / should be aware
アリーナ・メキシコに向かう乗客は　　　　　　　知っておくべきだ

/ that because of an engine problem / there will be a bus connection
エンジントラブルのせいで　　　　　　　　バスの乗り継ぎがある

/ for the latter part of the journey now.
今後旅行の後半で

GEAR UP! ◁)) 131

**Passengers heading for Arena Mexico
should be aware that ------- an engine
problem there will be a bus connection for
the latter part of the journey now.**

(A) instead of
(B) as
(C) because of
(D) since

now は「今」という意味で使われることは誰もが知っていると思うが、その
他にも本問のように「今」以外の意味で使われる場合も多々ある。

■ now の意味・使い方

1. 今、すぐに　　2. これから　　3. さて、ところで　　4. 今度こそは

これに加えて接続詞として使われる now that「今や〜なので」も頻出なの
で覚えておこう。

☐ Now that we've got the authorization, we can finally begin
the construction of the expressway.
許可が下りたので、私たちはようやく高速道路の建設を開始することができます。

語句 ☐ authorization 許可　☐ finally ようやく　☐ expressway 高速道路

208

☑ SKILL CHECK!

次の単語の意味を答えましょう。

① upcoming 　　　　[　　　　]
② merger 　　　　　[　　　　]
③ in accordance with 　[　　　　]
④ feature 　　　　　[　　　　]
⑤ manufacture 　　[　　　　]
⑥ criticism 　　　　[　　　　]
⑦ conference 　　　[　　　　]
⑧ adjustable 　　　[　　　　]
⑨ interest rate 　　[　　　　]
⑩ headquaters 　　[　　　　]

解答は 238 ページへ
間違えたら 110、127、128、132、136、152、166、173 ページをもう
一度チェックしよう。

44

🔊)) 132

Our new line of shoes was recalled as the soles -------
out within weeks of purchase.

(A) wears
(B) wore
(C) worn
(D) wearing

POINT

時制の理解

頻出度 🔥🔥🔥

語句		
□ line	取扱商品	
□ recall	～を回収する	
□ as	～なので	
□ wear out	摩耗する	
□ within	～以内に	
□ purchase	購入	

訳 Our new line of shoes was recalled as the soles wore out within weeks of purchase.

当社の新製品の靴は、購入後数週間以内に靴底がすり減ってしまうため回収されました。

□ wear	すり減る
(A) wears	動詞の三人称単数現在形
(B) wore	動詞の過去形
(C) worn	過去分詞
(D) wearing	動名詞、現在分詞

解説 正解への思考プロセス

 選択肢を
確認 **動詞 wear の様々な形が並んでいることを確認**

選択肢には動詞 wear「すり減る」の活用形が並んでいます。

 正解を
絞り込む **接続詞の as があるので空所には動詞が入ることを確認**

空所の前には接続詞の as「〜なので」から始まる 2 つ目の節の主語となる the soles「靴底」が、後ろには選択肢にある wear とセットになって wear out「摩耗する」というフレーズを作る副詞の out「機能しなくなって」が続いています。

 正解を
確定 **最初の節の動詞が過去形なので**
空所を含む節の時制も過去

最初の節にある動詞は was recalled「回収された」となっているため、本問の時制は過去であることが分かります。よって、正解は過去形である (B) wore「すり減った」になります。

正解　B

文の要素を理解しよう

Our new line of shoes / was recalled / as / the soles
　　主語　　　　　　　　　　動詞　　　接続詞　　主語
当社の新製品の靴は　　　回収された　〜なので　靴底が

/ wore out / within weeks / of purchase.
　動詞
すり減った　数週間以内に　　購入後

＊ wear out は動詞＋副詞から成る句動詞ですが、ここでは動詞としています。

(COLUMN) 諦めずに挑戦し続けようとする気持ちが大切

諦めずに挑戦し続けようとする気持ちさえあれば、欲しいスコアに必ず手が届きます。そのためにはあり得ないような努力や能力は必要ありません。地道なことを継続できれば大丈夫なのです。

英語の語順で理解しよう ◁)) 133

Our new line of shoes was recalled / as the soles wore out
　　　当社の新製品の靴は回収された　　　　　　靴底がすり減ったので

/ within weeks of purchase.
　　　購入後数週間以内に

2

他動詞の recall は本問の「～を回収する」という意味の他に、「～を思い出す」という意味でも使われる。

□ Mr. Albright recalled that our neighbors had expressed concern last year.

Albright さんは、昨年近隣の人たちが懸念を表していたことを思い出しました。

語句 □ neighbor 近隣の人　□ express ～を表す　□ concern 懸念

GEAR UP! ◁)) 134　Our new line of shoes was recalled
　　　　　　　　　　　　　of purchase.

(A) wears
(B) wore
(C) worn
(D) wearing

1

line は「取扱商品」という意味で頻出だが、product line「製品ライン、取扱品目」のように表されることも多々ある。また、「並ぶ」という意味の自動詞、「～を並べる」という意味の他動詞として使われることも押さえておこう。

□ Our company will release a new line of clothing this summer.

当社はこの夏に新しいアパレルラインを発売します。

語句 □ release ～を発売する
　　　□ a new line of clothing 新しいアパレルライン

3

理由を表す接続詞 as「〜なので」は、because や since に言い換えることが可能。

☐ As Melanie couldn't go to the conference, she couldn't meet with her client.

☐ Because Melanie couldn't go to the conference, she couldn't meet with her client.

Melanie は会議に行くことができなかったので、彼女は顧客に会うことができませんでした。

語句 ☐ conference 会議 ☐ meet with 〜に会う

as the soles ------- out within weeks

4

within weeks は「数週間以内に」だが、in weeks にすると「数週間後に」という意味になる。

☐ Our subordinates will transfer to the branch office in Canada in weeks.

私たちの部下は、数週間後にカナダの支店に転動します。

語句 ☐ subordinate 部下 ☐ transfer to 〜に転勤する
☐ branch office 支店

5

purchase は「購入」という意味で使われる場合は不可算名詞、「購入品」という意味で使われる場合は可算名詞。そして、「〜を購入する」という意味の他動詞として非常によく使われる。

☐ My sister purchased a monthly parking permit yesterday.

私の姉は昨日月極めの駐車許可証を購入しました。

語句 ☐ monthly 毎月の ☐ parking permit 駐車許可証

213

The two winners of the Scientific and Engineering
Award, Toby and Diaz thanked ------- for the
contributions each had made to the discovery.

(A) any other
(B) another
(C) other
(D) one another

代名詞の使い方の理解

頻出度 🔥🔥🔥

語句	□ winner	受賞者
	□ the Scientific and Engineering Award	科学技術賞
	□ thank	～に感謝する
	□ contribution	貢献
	□ each	それぞれ
	□ made to	～に対してした
	□ discovery	発見

訳 The two winners of the Scientific and Engineering Award, Toby and Diaz thanked one another for the contributions each had made to the discovery.

科学技術賞の受賞者の2人であるTobyとDiazは、それぞれがその発見に対して貢献したことについてお互いに感謝をしました。

(A) any other	何か他の：形容詞句
(B) another	もう1つの：形容詞、もう1つ：代名詞
(C) other	他の：形容詞、他の人：代名詞
(D) one another	お互い：代名詞

解説 正解への思考プロセス

 選択肢を確認 **other や another などの使い方の問題であると判断**

選択肢には様々な形容詞や代名詞が並んでいます。

 正解を絞り込む **空所の後ろには前置詞があるので空所の後ろは文法的な切れ目となる**

空所の前には動詞の thanked「〜に感謝した」があり、後ろには for the contributions「貢献への」という前置詞+名詞が続いています。

正解を確認 **他動詞の目的語になって文意が通るものを選ぶ**

thank は他動詞なので空所には目的語となる名詞が入ります。空所に入れて文意が通るのは (D) の one another「お互い」です。(A) の any other は Any other ideas?「他にアイディアはありますか」という文や Mr. Murakami sells more books than any other novelists.「Murakami さんは他のどの小説家よりも本が売れています」のような「比較級を使って最上級の意味を表す文」などで使われます。

正解 **D**

文の要素を理解しよう

The two winners of the Scientific and Engineering Award,
主語
科学技術賞の受賞者の 2 人である Toby と Diaz は

Toby and Diaz / thanked / one another / for the contributions
動詞　　　　目的語
感謝した　　お互いに　　　　　貢献について

/ each / had made / to the discovery.

それぞれが　　した　　　その発見に対して

＊ 動詞の前にあるのは The two winners / of the Scientific and Engineering Award, / Toby and Diaz のように 3 つの部分から成るカタマリですが、ここではまとめて主語としています。

＊ the contributions を先行詞とする目的格の関係代名詞 that（もしくは which）が、the contributions の後ろには本来あるはずで、この文ではそれが省略されていると考えてください。

Chapter 1　Chapter 2　**Chapter 3 見極めが肝心──22問**　Chapter 4

もっと学び尽くす

英語の語順で理解しよう ◁)) 136

The two winners of the Scientific and Engineering Award, Toby
科学技術賞の受賞者の2人である Toby と Diaz は

and Diaz / thanked one another / for the contributions
　　　　　　お互いに感謝した　　　　　　　貢献について

/ each had made to the discovery.
　それぞれがその発見に対してした

GEAR UP! ◁)) 137

The two winners of the Scientific and
------- for the contributions each had

(A) any other
(B) another
(C) other
(D) one another

3

one another「お互いに」は each other に言い換えることが可能。

□ Some people are facing one another.
□ Some people are facing each other.
　何人かの人たちがお互いに向き合っています。

語句 □ face ～の方を向く

1

本問にある each は「それぞれ」という意味の代名詞だが、「それぞれの」という意味の形容詞や「それぞれ」という意味の副詞としても使うことができる。

□ Mr. White will present his findings in each department meeting next week.

White さんは来週行われる各部署の会議で調査結果の発表をします。

語句 □ present ～を発表する □ findings 調査結果
□ department 部署

Engineering Award, Toby and Diaz thanked
made to the discovery.

2

make to ＋名詞は「～に対してなされる」という意味である。

□ The company understood the contribution that it could make to this town.

その会社はこの町に対してできる貢献を理解していました。

State Library Victoria has decided to put ------- on the numbers of certain types of books that can be borrowed.

(A) limit
(B) limits
(C) limited
(D) limitation

POINT

単数形 vs 複数形の理解

頻出度 🔥🔥🔥

語句	
□ decide to do	〜することに決める
□ the number(s) of	〜の数
□ certain types of	ある種の
□ borrow	〜を借りる

訳　State Library Victoria has decided to put limits on the numbers of certain types of books that can be borrowed.

ビクトリア州立図書館は借りることができるある種の本の数に制限を設けることを決定しました。

□ limit	〜を制限する、制限
(A) limit	可算名詞の単数形、動詞の原形・現在形
(B) limits	可算名詞の複数形、動詞の三人称単数現在形
(C) limited	動詞の過去形、過去分詞
(D) limitation	制限：可算名詞の単数形

解説 | 正解への思考プロセス

 選択肢を確認 limit は他動詞と名詞として使われる

選択肢には動詞 limit「〜を制限する」の様々な形が並んでいます。

 正解を絞り込む 空所の前後には他動詞の put と前置詞の on
→ 前置詞の前は文法的な切れ目

空所の前には他動詞の put「〜を置く」、後ろには前置詞の on が続いています。
前置詞の前は文法的な切れ目です。

 正解を確定 可算名詞の単数形の前には冠詞や所有格などが必要

put は他動詞なので空所には名詞が入ります。空所に入れることができるのは
(B) の limits「制限」です。(A) の limit「制限」、(D) の limitation「制限」はいず
れも可算名詞の単数形です。可算名詞の単数形は、前に冠詞や代名詞の所有格な
どが置かれるので、ここでは正解にはなり得ません。

正解 B

●
文の要素を理解しよう

State Library Victoria / has decided / to put limits
　　主語　　　　　　　　　　　　　　動詞　　　　　目的語
ビクトリア州立図書館は　　　　　　決めた　　　制限を設けることを

/ on the numbers of / certain types of books

　　数に　　　　　　　　　ある種の本の

/ that can be borrowed.

　　借りることができる

＊ to put limits は不定詞（名詞的用法）＋目的語ですが、ここではまとめて has decided の
　目的語であるとしました。
＊ on the numbers of は、前置詞 of の後ろにスラッシュを入れていますが、これは the
　numbers of が「〜の数」という意味を表す一つのカタマリなのでこの位置にスラッシュが
　入っていると考えてください。
＊ 主格の関係代名詞 that の先行詞は、直前にある certain types of books です。

英語の語順で理解しよう 🔊 139

State Library Victoria has decided to put limits
ビクトリア州立図書館は制限を設けることを決めた

/ on the numbers of certain types of books / that can be borrowed.
ある種の本の数に　　　　　　　　　　　　　借りることができる

GEAR UP! 🔊 140

State Library Victoria has decided to of books that can be borrowed.

(A) limit
(B) limits
(C) limited
(D) limitation

③

limit と limitation の違い

1. limit (何かをすることがどのくらい許されているかという) 最高限度、制限

☐ A limit is set on the budget.
予算には制限があります。

語句 ☐ be set on ～がセットされている　☐ budget 予算

2. limitation (何かをすることがどのくらい可能なのかという) 制限、制約

☐ This smartphone is cheap but it has several limitations.
このスマートフォンは安いのですが、いくつかの制限があります。

語句 ☐ smartphone スマートフォン　☐ cheap 安い　☐ several いくつかの

1

the number of は「〜の数」、a number of は「たくさんの」「いくつかの」という意味。

☐ Quite a number of people were in the hall and they were all ears for the band's performance.

ホールにはかなりたくさんの数の人たちがおり、彼らはバンドの演奏を熱心に聞き入りました。

語句 ☐ quite かなり　☐ hall ホール
☐ be all ears for 〜を熱心に聞き入る
☐ performance 演奏

put ------- on the numbers of certain types

2

borrow は「〜を（お金を払わずに）借りる」、rent は「〜を（お金を払って）借りる」という意味。これに対して、lend は「〜を（お金をもらわないで）貸す」、rent は「〜を（お金をもらって）貸す」、lease は「〜を（有料で契約期間を決めて）貸す」という意味になる。全て使い分けをしっかりとできるよう覚えておこう。

☐ Mr. Mori leased three floors to our company.

Mori さんは 3 つのフロアを私たちの会社に貸しました。

語句 ☐ lease A to B A を（有料で契約期間を決めて）B に貸す

4

be limited to ＋名詞で「〜に限定される」という意味になる。TOEIC ではしばしば登場するのでこちらも押さえておこう。

☐ This product is limited to one per customer.

この商品はおひとり様 1 点限りとさせていただいております。

語句 ☐ product 商品　☐ per 〜につき　☐ customer 客

問題

47

🔊 141

Mr. Simon's latest movie was a great success as
------- by movie critics across the country.

(A) predicted
(B) predictable
(C) prediction
(D) predictably

主語などの省略の理解

頻出度 🔥🔥🔥

語句	□ latest	最新の
	□ success	成功
	□ critic	評論家
	□ across the country	国中の

訳 Mr. Simon's latest movie was a great success as predicted by movie critics across the country.

Simon 氏の最新の映画は、国中の映画評論家が予想したように大成功を収めました。

□ predict	～を予想する
(A) predicted	動詞の過去形、過去分詞
(B) predictable	予想できる：形容詞
(C) prediction	予想：名詞
(D) predictably	予想どおり：副詞

解説 正解への思考プロセス

 選択肢を確認 predict の派生語が並んでいることを確認

選択肢には動詞 predict「～を予想する」の派生語などが並んでいます。

 正解を絞り込む 空所の前は接続詞の as、後ろは前置詞の by

空所の前には接続詞の as「～のように」があり、後ろには by movie critics「映画評論家によって」が続いています。

 正解を確定 「主語＋ be 動詞」は省略される場合が多々ある

この問題文の as 以下は、本来は as it was predicted by movie critics across the country「それは国中の映画評論家によって予想されていたように」であると考えてください。ここから「主語＋ be 動詞」が省略されたものがこの問題文なので、正解は (A) の predicted「予想された」になります。2 つ目の節に本来あるはずの主語である it は、最初の節の内容を指していると考えてください。

正解 A

> 文の要素を理解しよう

Mr. Simon's latest movie / was / a great success

　　　　　　主語　　　　　　　　　　動詞　　　　　補語
　　Simon 氏の最新の映画は　　　　～だった　　　大成功

/ as predicted / by movie critics / across the country.

　　予想どおりに　　　映画評論家による　　　　　　国中の

＊ as predicted の部分は GEAR UP の項目を参照してください。

英語の語順で理解しよう ◁)) 142

Mr. Simon's latest movie was a great success / as predicted
　　Simon 氏の最新の映画は大成功だった　　　　　　　予想どおりに

/ by movie critics / across the country.
　映画評論家による　　　　　国中の

GEAR UP! ◁)) 143

Mr. Simon's latest movie was a great success as ------- by movie critics across the country.

(A) predicted
(B) predictable
(C) prediction
(D) predictably

1

as predicted のように「主語＋be 動詞」が省略されている表現には以下のようなものが挙げられる。この省略は副詞節（接続詞で2つの節が繋がっている場合、メインではない方の節）において基本的に起こり、「主語＋be 動詞」が何であるのかが自明であるがゆえに省略されていると考えること。

■「主語＋be 動詞」が省略されている表現の例

☐ if any	もしあるのならば
☐ if possible	もし可能であれば
☐ as requested	求められたように
☐ while in Tokyo	東京にいる間
☐ when using this laptop	このノートパソコンを使うとき
☐ while reading the book	その本を読んでいる間
☐ if kept in the safe	もし金庫の中に保管していたら
☐ though tired	疲れていたけれども
☐ however hard	どんなに大変でも

☐ That's a great idea. If possible, I'd like to help out.
　それは素晴らしいアイディアですね。もし可能であれば私もお手伝いしたいです。

語句 ☐ I'd like to do 私は〜したい ☐ help out 援助する

Chapter 4

✍ SKILL CHECK!

次の日本語に合うように空所を埋めましょう。

① 人に~する義務を負わせる

_____ somebody to do

② 人に~するように促す

_____ somebody to do

③ 人が~するのを可能にする

_____ somebody to do

④ 人を説得して~させる

_____ somebody to do

_____ somebody to do

⑤ 人に~するように指示する

_____ somebody to do

⑥ 人が~するのを許す

_____ somebody to do

⑦ 人が~するのを引き起こす

_____ somebody to do

⑧ 人が~するのを期待する

_____ somebody to do

解答は 238 ページへ
間違えたら165ページをもう一度チェックしよう。

The Office Cleaning Service Newport comes -------
recommended as they cover a whole range of
services including office cleaning, maintenance of
books and records, and childcare.

(A) high
(B) higher
(C) highest
(D) highly

POINT

副詞が過去分詞（形容詞）を
前から修飾するパターンの理解

頻出度 🔥🔥🔥

語句	
□ recommend	～を薦める
□ as	～なので
□ cover	～に広がる、及ぶ
□ a whole range of	あらゆる種類の～
□ including	～を含む
□ books and records	会計帳簿
□ childcare	保育

訳 The Office Cleaning Service Newport comes highly recommended
as they cover a whole range of services including office cleaning,
maintenance of books and records, and childcare.

The Office Cleaning Service Newport は、オフィスのクリーニングや会計
帳簿のメンテナンス、保育を含むあらゆる種類のサービスを扱っているので非常に
お薦めです。

(A) high	高い：形容詞、高く：副詞
(B) higher	より高い：形容詞の比較級、より高く：副詞の比較級
(C) highest	一番高い：形容詞の最上級、一番高く：副詞の最上級
(D) highly	非常に：副詞

226

解説 正解への思考プロセス

 選択肢を確認 比較級・最上級などが並んでいることを確認

選択肢には形容詞 high「高い」の派生語などが並んでいます。

正解を絞り込む 空所の前は動詞、後ろは過去分詞

空所の前には動詞の comes「来る」があり、後ろには過去分詞の recommended「お薦めされる」があります。

 正解を確定 副詞は過去分詞（＝形容詞）を前から修飾する

動詞や過去分詞（過去分詞は形容詞扱いです）を修飾するのはいずれも副詞です。come「来る」と recommended「お薦めされる」とセットになって come highly recommended「非常にお薦めである」というフレーズを作る (D) の highly「非常に」が正解です。副詞の highly は後ろに続く過去分詞の recommended を前から修飾しています。ここでの come は「〜という状態になる」という意味で、「主語＋ come ＋補語」の形を取っています。これは TOEIC ではしばしば登場するフレーズなので、確実に覚えておいてください。

正解 D

文の要素を理解しよう

The Office Cleaning Service Newport / **comes** / **highly**

The Office Cleaning Service Newport は （主語） ～になる（動詞）

recommended / as / **they** / **cover** / **a whole range of services**

非常にお薦めだ（補語） ～なので（接続詞） 彼らは（主語） カバーしている（動詞） あらゆる種類のサービスを（目的語）

/ including office cleaning, / maintenance of books and records,

オフィスのクリーニングを含む 会計帳簿のメンテナンスを

/ and childcare.

そして保育を

＊including の目的語となる 3 つが A, B, and C の形で後ろに続いています。

227

もっと学び尽くす

The Office Cleaning Service Newport comes highly recommended
　　The Office Cleaning Service Newport は非常にお薦めだ

/ as they cover a whole range of services / including office cleaning,
　　彼らはあらゆる種類のサービスをカバーしているので

maintenance of books and records, and childcare.
オフィスのクリーニング、会計帳簿のメンテナンス、そして保育を含む

1

本問に登場する接続詞の as は「〜なので」という意味を持つ
「理由を表す接続詞」。

■ 理由を表す接続詞　□because　□since　□as　□for

GEAR UP! ◁》146

The Office Cleaning Service Newport
as they cover a whole range of servic
maintenance of books and records,

(A) high
(B) higher
(C) highest
(D) highly

2

本問では whole は「全てを含んだ」という意味の
形容詞として使われているが、似た意味の単語で
ある entire「全体の」もセットで覚えておくこと。

228

❸

a whole range of は「あらゆる種類の」という意味のフレーズだが、TOEIC では a wide range of「幅広い」や a wide variety of「様々な」、a wide array of「豊富な」などもしばしば登場する。

☐ We'll discuss a wide range of issues at the next meeting.

私たちは次回の会議で幅広い問題について話し合う予定です。

語句 ☐ discuss ~について話し合う　☐ issue 問題

☐ The factory has fabricated a wide variety of merchandise since 2000.

その工場は 2000 年以来様々な種類の製品を作り続けています。

語句 ☐ factory 工場　☐ fabricate ~を製造する
　　　☐ merchandise 製品　☐ since ~以来

☐ Our company offers a wide array of services.

私たちの会社は種類豊富なサービスを提供しています。

語句 ☐ offer ~を提供する　☐ service サービス

comes ------- recommended
es including office cleaning,
and childcare.

❹

本問に登場する including は前置詞で「~を含めて」という意味で、対義語は excluding「~を除いて」。

☐ Ms. Veronica Smith authored many masterpieces including *Tour of the Island* and *Not Big Enough*.

Veronica Smith さんは *Tour of the Island* と *Not Big Enough* を含む多くの傑作を執筆しました。

語句 ☐ author ~を執筆する　☐ masterpiece 傑作

☐ There were ten people in the gym excluding me.

ジムには自分以外に 10 人の人たちがいました。

語句 ☐ there be ~がいる、ある　☐ gym ジム

Elik's pet toy range -------, which is in part due to the impressive advertising campaign run by Aaes Marketing.

(A) are sold
(B) have been selling
(C) has been sold
(D) has been selling

POINT

主述の一致の理解

頻出度 🔥🔥🔥

語句	
□ pet toy range	ペット用おもちゃ
□ in part	一部分において
□ due to	〜が原因だ
□ impressive	印象的な
□ advertising campaign	広告キャンペーン
□ run by	〜によって行われる

訳 Elik's pet toy range has been selling, which is in part due to the impressive advertising campaign run by Aaes Marketing.

Elik のペット用おもちゃはずっと売れており、理由の一つとしては Aaes Marketing による印象的な広告キャンペーンが挙げられます。

□ sell	売れる、〜を売る
(A) are sold	現在形の受動態
(B) have been selling	現在完了進行形
(C) has been sold	現在完了形の受動態
(D) has been selling	現在完了進行形

解説　正解への思考プロセス

 選択肢を確認 **受動態 vs 能動態の問題であると確認**

選択肢には動詞 sell「売れる」の様々な形が並んでいます。

 正解を絞り込む **主語は三人称単数 → 動詞と一致させる**

空所の前には Elik's pet toy range「Elik のペット用おもちゃ」、後ろにはカンマと関係代名詞の which が続いています。主語は三人称単数なので、正解候補は has を使っている (C) と (D) に絞られます。

正解を確定 sell には「売れる」という意味の自動詞としての使い方がある

sell には「～を売る」という意味を持つ他動詞としての使い方と、「売れる」という意味を持つ自動詞としての使い方があります。空所以下の内容が「製品が売れている理由」であるため、ここでは自動詞として使うのが正解です。(D) の has been selling を空所に入れると文意が通ります。

正解　D

▶ **文の要素を理解しよう**

Elik's pet toy range / has been selling, / which is in part

　　主語　　　　　　　　　　　動詞
Elik のペット用おもちゃは　　ずっと売れている　　そのことの一部は～だ

/ due to / the impressive advertising campaign / run

　が原因だ　　　　印象的な広告キャンペーン　　　　行われた

/ by Aaes Marketing.

Aaes Marketing によって

＊主格の関係代名詞 which の先行詞は Elik's ～ selling で、in part ～ Aaes Marketing が which の補語になります。

もっと学び尽くす

英語の語順で理解しよう 🔊 148

Elik's pet toy range has been selling, / which is in part / due to the
　Elik のペット用おもちゃはずっと売れている　　そのことの一部は～だ

impressive advertising campaign / run by Aaes Marketing.
　印象的な広告キャンペーンが原因だ　　　　　Aaes Marketing による

GEAR UP! 🔊 149

Elik's pet toy range -------, which is in
campaign run by Aaes Marketing.

(A) are sold
(B) have been selling
(C) has been sold
(D) **has been selling**

3

sell は「～を売る」という意味で使われると他動詞、「売れる」という意味で使われると自動詞。

☐ Our company has been selling this popular spice for over three decades.

当社は 30 年以上この人気の香辛料を売り続けています。

語句 ☐ popular 人気のある ☐ spice 香辛料 ☐ over ～以上
　　　☐ decade 10 年

☐ Our CEO is convinced that our latest toy will sell well.

私たちの最新のおもちゃはよく売れると CEO は確信しています。

語句 ☐ CEO 最高経営責任者 (Chief Executive Officer)
　　　☐ be convinced that ～ということを確信している
　　　☐ latest 最新の ☐ toy おもちゃ ☐ sell well よく売れる

1

関係代名詞の which は語だけでなく節も句も受けること
ができる。本問では Elik's pet toy range has been
selling という節を受けている。

part due to the impressive advertising

2

原因や理由を表す due to は thanks to、owing to、because
of、on account of などに言い換えることが可能（on account
of はマイナスイメージの内容の文で主に使われる）。

□ On account of heavy rain, the plane was delayed.
　大雨のせいで、飛行機は遅れました。

語句　□ heavy rain 大雨　□ plane 飛行機
　　　□ be delayed 遅れる

50

🔊》 150

The art exhibition for the Elijah Tanaka Collection
------- for two months beginning February 24 and will
feature a great number of his finest works.

(A) is held
(B) is holding
(C) was held
(D) will be held

時制の理解、態の理解

頻出度 🔥🔥🔥

語句	
□ art exhibition	美術展
□ beginning	～から始まる
□ feature	～を呼び物にする、特集する
□ a great number of	多くの
□ finest	最高の
□ work	作品

訳　The art exhibition for the Elijah Tanaka Collection will be held for two
months beginning February 24 and will feature a great number of his
finest works.

Elijah Tanaka Collection の美術展は 2 月 24 日から 2 カ月間開催され、多数
の彼の傑作が目玉となります。

□ hold	～を開催する
(A) is held	現在形の受動態
(B) is holding	現在進行形
(C) was held	過去形の受動態
(D) will be held	未来を表す表現を使った受動態

解説 正解への思考プロセス

 選択肢を 確認 態や時制の問題であることを確認

選択肢には動詞 hold「〜を開催する」の受動態や進行形が並んでいます。

 正解を 絞り込む 空所の後ろには目的語となる名詞がない
→ 受動態が正解候補

選択肢は全て動詞なので、ポイントは能動態と受動態のどちらが空所に入るかになります。空所の後ろには目的語がないので、空所に入るのは受動態であると判断することができます。

 正解を 確定 時制に関連する will の存在が正解を選ぶ決め手

問題文の後半に登場する接続詞 and に続く節では助動詞の will を使っていることから、空所を含む節の主語である The art exhibition「美術展」が開催されるのは未来のことであると分かります。よって、正解は (D) の will be held「開催されるだろう」です。

 正解 **D**

> **文の要素を理解しよう**

The art exhibition for the Elijah Tanaka Collection
主語
Elijah Tanaka Collection の美術展が

/ will be held / for two months / beginning February 24
　動詞
開催される　　　　　　2 カ月間　　　　　　2 月 24 日から

/ and / will feature / a great number of his finest works.
接続詞　　　動詞　　　　　　　　　目的語
そして　　目玉とする　　　　　　たくさんの彼の傑作を

＊ここでは will be held の前までのカタマリを主語、will be held（受動態）を動詞としています。

もっと学び尽くす

英語の語順で理解しよう 〈 ◁) 151

The art exhibition for the Elijah Tanaka Collection
　　　Elijah Tanaka Collection の美術展が

/ will be held for two months / beginning February 24
　　2 カ月間開催される　　　　　　　　　　2 月 24 日から

/ and will feature a great number of his finest works.
　　　　　そしてたくさんの彼の傑作を目玉とする

GEAR UP! ◁) 152

The art exhibition for the Elijah Tanaka
months beginning February 24t and will
his finest works.

(A) is held
(B) is holding
(C) was held
(D) will be held

1

beginning は「〜から始まる」だが、以下の 4 つの関
連表現をまとめて押さえておく。いずれも後ろに時を
表す表現が続いている場合は以下の意味になる。

□ beginning	〜から始まる
□ starting	〜から始まる
□ effective	〜から効力を発する
□ as of	〜現在で

2

a great number of は「多数の」だが、a great deal of は「大量の」という意味になる。

□ A great number of people enjoyed watching the fireworks at the riverside last night.

たくさんの人たちが昨晩川辺で花火を見て楽しみました。

語句 □ enjoy doing ～して楽しむ   □ firework 花火   □ riverside 川辺

□ Our department spent a great deal of money on the project.

私たちの部署はそのプロジェクトに多額のお金を費やしました。

語句 □ department 部署   □ spend A on B BにAを費やす
□ project プロジェクト

Collection ------- for two
feature a great number of

3

不可算名詞の work は「仕事」という意味でよく使われるが、可算名詞の work は「作品」という意味で使われる。

□ The painter who drew this picture was very passionate about her works.

この絵を描いた画家は、自身の作品に対して非常に情熱的でした。

語句 □ painter 画家   □ draw ～を描く   □ picture 絵
□ be passionate about ～に対して情熱的だ

4

be held「行われる」は take place に
言い換えることが可能。

問題番号	正解	問題番号	正解	問題番号	正解
29	D	37	B	45	D
30	D	38	D	46	B
31	B	39	A	47	A
32	A	40	C	48	D
33	D	41	C	49	D
34	A	42	B	50	D
35	B	43	C		
36	D	44	B		

■ SKILL CHECK 解答

No. 33 (169 ページ)

① 主語、原形　② quantity　③ ～を店に置く / ～を扱っている（順不同）

④ 団体 / 関係者（順不同）　⑤ 同じ節中に再度登場する　⑥ 近い、close to

⑦ reservation　⑧ 毎週末に

No. 35 (177 ページ)

① a while　② quality　③ Even　④ via　⑤ at which　⑥ take　⑦ annually

No. 37 (185 ページ)

① 必需品　② 施設　③ 安定性　④ 可能性　⑤ 類似　⑥ 行きやすさ　⑦ 利用可能性

⑧ 電気　⑨ 活気　⑩ 平等　⑪ 能力　⑫ もてなし　⑬ 複雑さ　⑭ 多様性　⑮ 容量

No. 39 (193 ページ)

① ○　② ○　③ ×（不定詞も動詞の doing 形もどちらも続けられる）　④ ○

⑤ ×（完全な文が続く。後に不完全な文が続くのは関係代名詞の that の場合）

⑥ ○　⑦ ×（不可算名詞である）　⑧ ○

No. 43 (209 ページ)

① 次回の　② 合併　③ ～に従って　④ 機能、特徴　⑤ ～を製造する　⑥ 批判

⑦ 会議　⑧ 調節できる　⑨ 利率、金利　⑩ 本社

No. 47 (225 ページ)

① oblige　② encourage　③ enable　④ persuade/get（順不同）

⑤ instruct　⑥ allow　⑦ cause　⑧ expect

俯瞰で見渡せ――20問

51. Mr. Nakamura's speech at today's meeting fueled ------- that a merger will take place sometime in the near future.

(A) speculate
(B) speculated
(C) speculation
(D) speculatively

52. If the red light on the copier's front panel is blinking, ------- the toner cartridge.

(A) replace
(B) replaced
(C) will replace
(D) to replace

53. ------- Owen is an architect, he has a huge amount of knowledge about the city's historical buildings.

(A) Because of
(B) Before
(C) Since
(D) Also

54. ------- details have been revealed as of yet about the latest novel by Emil Mortensen, but there is a rumor that it may be another in *Last of the Dragon* series.

(A) Some
(B) Any
(C) Most
(D) No

55. This year's motorcycle exposition will take place in Shizuoka at which approximately three hundred motorcycles will be on display for -------.

(A) enthusiast
(B) enthusiasts
(C) enthusiastic
(D) enthusiasm

56. ------- advancements in motor vehicle technology means that the reduction of CO_2 emissions can now easily be achieved at no extra expense.

(A) Make
(B) Have made
(C) Making
(D) Made

57. ------- that the new construction project will create hundreds of jobs, the mayor of Long Beach eagerly gave his approval.

(A) To know
(B) Knowing
(C) Knows
(D) Knew

58. Ms. Fitzsimmons, an inspector, reported ------- she would need an additional few days to thoroughly review the safety practices at the power station.

(A) that
(B) which
(C) where
(D) what

59. ------- in this year's overseas training program should carefully check the expiration date on their passports to avoid any problems crossing the borders.

(A) Participant
(B) Participants
(C) Participation
(D) Participate

60. When ------- this dishwasher, please ensure you twist the top of the detergent dispenser clockwise so that it is sealed firmly in place.

(A) operating
(B) operated
(C) to operate
(D) operates

61. Most of the branch managers prefer to train their staff ------- rather than relying on outside training programs or other employees.

(A) they
(B) their
(C) them
(D) themselves

62. ------- his time as manager at A&E Fashion Boutique, Mr. Connors was able to fit into his position with no problems.

(A) While
(B) Although
(C) Through
(D) Among

63. Due to construction work, the opening hours of this store will be affected this week with earlier closing times and some areas ------- without electricity.

(A) is
(B) being
(C) were
(D) was

64. Our customers should be aware that items will not be shipped until payment -------.

(A) has been confirmed
(B) was confirmed
(C) will be confirmed
(D) is being confirmed

65. ------- a problem with the engine, the cruise ship to Grand Cayman will be out of service until further notice.

(A) According to
(B) Despite
(C) Due to
(D) Notwithstanding

66. ------- is last to leave at night should remember to turn off the lights and lock the door.

(A) Whatever
(B) Wherever
(C) Whoever
(D) Whichever

67. Yoshinori Ikeda found it ------- to note that sales of his book had improved for the third consecutive week.

(A) pleasing
(B) pleased
(C) please
(D) pleasure

68. Diamond Hawaiian Coffee had to alter its menu after some ------- increases made certain items too expensive.

(A) pricey
(B) price
(C) priced
(D) prices

69. Since the news of the acquisition broke last night, reporters ------- themselves outside BWF Co. in the hope of obtaining more information.

(A) be positioned
(B) have been positioned
(C) have been positioning
(D) will be positioned

70. Zobo Music is a digital music service by Blue Finch Inc. ------- gives its users access to hundreds of songs for a small yearly fee.

(A) that
(B) who
(C) whose
(D) where

Chapter 4 俯瞰で見渡せ——20問

Mr. Nakamura's speech at today's meeting fueled
------- that a merger will take place sometime in the
near future.

(A) speculate
(B) speculated
(C) speculation
(D) speculatively

文の要素の理解、 関係代名詞の使い方の理解

頻出度 🔥🔥🔥

語句	
□ fuel	～をあおる、刺激する
□ merger	合併
□ take place	行われる
□ sometime	いつか
□ in the near future	近い将来に

訳　Mr. Nakamura's speech at today's meeting fueled speculation that a
merger will take place sometime in the near future.
本日の会議においての Nakamura さんのスピーチは、合併が近い将来のどこか
で行われるという憶測をあおるものでした。

□ speculate	～であると推測する
(A) speculate	動詞の原形・現在形
(B) speculated	動詞の過去形、過去分詞
(C) speculation	推測、憶測：不可算名詞
(D) speculatively	思いを巡らしながら、推論的に：副詞

選択肢を確認 動詞の活用形が並んでいる場合は
問題文全体を一度確認する

選択肢には動詞 speculate「〜であると推測する」の活用形などが並んでいます。

 正解を絞り込む fuel は自動詞・他動詞両方の用法がある

空所の前にある動詞の fuel は自動詞だと「燃料を積む」、他動詞だと「〜をあおる、刺激する」という意味があります。

 正解を確定 fuel を他動詞だと考え目的語を続けると文意が通る

fueled が自動詞として使われていると仮定すると、主語と合わない（「スピーチが燃料を積む」となる）ため文意がおかしくなります。なので他動詞として使われていると考えると、空所には目的語となる名詞が入り、続く that は空所に入る名詞を説明する同格の that（接続詞）であると考えることができます。正解は (C) の speculation「推測、憶測」です。同格の that は接続詞で、後ろに続く「完全な文」が直前にある名詞の説明をします。that は関係代名詞としてもよく使われますが、関係代名詞の that の後ろには「不完全な文」（主語か目的語のいずれかがありません）が続きます。

正解 C

● 文の要素を理解しよう

Mr. Nakamura's speech at today's meeting / fueled

　　　　　　　　　　　　　主語　　　　　　　　　　　　　　　　　　　　　動詞
　　本日の会議においての Nakamura さんのスピーチは　　あおった

/ speculation / |that| / a merger / will take place / sometime

　目的語　　|接続詞|　　主語　　　　　　　　　動詞
　憶測を　　（どのような　合併が　　　　行われる　　　　いつか
　　　　　　　憶測かというと）

/ in the near future.

　　　　　近い将来

＊that は同格を表す接続詞で、that 以下が直前にある speculation を説明しています。

英語の語順で理解しよう ◁)) 154

Mr. Nakamura's speech at today's meeting / fueled speculation
本日の会議においての Nakamura さんのスピーチは　　　　憶測をあおった

/ that a merger will take place / sometime in the near future.
合併が行われるという　　　　　　近い将来のどこかで

GEAR UP! ◁)) 155

Mr. Nakamura's speech at today's
a merger will take place sometime

(A) speculate
(B) speculated
(C) speculation
(D) speculatively

3

take place 「行われる」は be held に言い換えることが可能。

☐ The world premiere of Douglas Noble's new play
　will take place at Red Peak Hall on May 2.

☐ The world premiere of Douglas Noble's new play
　will be held at Red Peak Hall on May 2.
　Douglas Noble の新しい劇の世界初公演は、5 月 2 日に Red Peak Hall
　で行われます。

語句 ☐ premiere（演劇などの）初日、初演

1

fuel は「燃料」という意味の不可算名詞としても使われる。また、過去形は fueled (アメリカ英語) / fuelled (イギリス英語)、動詞の doing 形は fueling (アメリカ英語) / fuelling (イギリス英語) のように 2 種類の綴りがある。

meeting fueled ------- that in the near future.

2

speculation の後ろに続く that は「同格の that」と呼ばれる接続詞。that の後ろには speculation を説明する「完全な文」が続いている。

☐ We heard the rumor that Mr. Bradshaw would leave the company next year.
私たちは Bradshaw さんが来年会社を退職するという噂を聞きました。

語句 ☐ rumor 噂
☐ leave the company 退職する

If the red light on the copier's front panel is blinking,
------- the toner cartridge.

(A) replace
(B) replaced
(C) will replace
(D) to replace

POINT

命令文の理解

頻出度 🔥🔥🔥

語句	□ copier	コピー機
	□ blink	点滅する
	□ toner cartridge	トナーカートリッジ

訳　If the red light on the copier's front panel is blinking, replace the toner cartridge.

もしコピー機のフロントパネルにある赤ランプが点滅していたら、トナーカートリッジを交換してください。

□ replace	～を交換する
(A) replace	動詞の原形・現在形
(B) replaced	動詞の過去形、過去分詞
(C) will replace	動詞（未来を表す表現）
(D) to replace	不定詞

解説 正解への思考プロセス

 選択肢を確認 動詞の活用形が並んでいる場合は問題文に動詞があるかどうかを確認

選択肢には動詞 replace「～を交換する」の活用形などが並んでいます。

 正解を絞り込む 空所には動詞が入るのか入らないのかを確認

空所の前にはカンマがあり、後ろには the toner cartridge「トナーカートリッジ」が続いています。文頭に接続詞の If「もし～ならば」があるので、問題文には2つの動詞が必要です。

 正解を確定 主語がない場合には命令文だと考える

空所の前にあるカンマ以降には2つ目の節の主語となるものがないため、2つ目の節は命令文になると判断、動詞の原形である (A) の replace を空所に入れると全体の文意も通ります。

正解. **A**

文の要素を理解しよう

If / **the red light on the copier's front panel** / **is blinking**,

接続詞　　　　　　　　主語　　　　　　　　　　　　　　　　　動詞
もし　　　　コピー機のフロントパネルにある赤ランプが　　　　点滅していたら

/ **replace** / **the toner cartridge**.

動詞　　　　　　目的語
交換してください　トナーカートリッジを

COLUMN 何回も同じ教材を繰り返す最大の理由

「大切なのに読み飛ばしていたものに気付くこと」と「自分の解答の型を作り上げること」が、繰り返し同じ教材を使って学習することによって得られます。

もっと学び尽くす

英語の語順で理解しよう ◁)) 157

If the red light on the copier's front panel / is blinking,
もしコピー機のフロントパネルにある赤ランプが　点滅していたら

/ replace the toner cartridge.
トナーカートリッジを交換してください

GEAR UP! ◁)) 158

If the red light on the copier's front panel is blinking, ------- the toner cartridge.

(A) replace
(B) replaced
(C) will replace
(D) to replace

1

replace「～を交換する」の名詞形は replacement「交換、代替品」だが、これには「交代要員、後任」という「人」を表す意味もあることも押さえておく。

☐ Please note that if you lose your rewards card, you'll be forced to purchase a replacement.
もしあなたがポイントカードを紛失された場合には、代わりのカードをご購入いただくことになりますのでご注意ください。

語句 ☐ please note that ～ということにご留意ください　☐ lose ～を紛失する
☐ rewards card ポイントカード
☐ be forced to do ～することを余儀なくされる
☐ purchase ～を購入する

☐ The Human Resources department was concerned about finding an adequate replacement for Ms. Nishimura.
人事部は Nishimura さんの適切な後任を見つけることについて懸念を抱いていました。

語句 ☐ Human Resources department 人事部
☐ be concerned about ～について懸念を抱く　☐ find ～を見つける
☐ adequate 適切な

☑ SKILL CHECK!

次の単語の意味を答えましょう。

① recall [   ]
② within [   ]
③ subordinate [   ]
④ contribution [   ]
⑤ critic [   ]
⑥ help out [   ]
⑦ childcare [   ]
⑧ impressive [   ]
⑨ be delayed [   ]
⑩ finest [   ]

解答は 328 ページへ
間違えたら 210、213、214、222、224、226、230、233、234 ページ
をもう一度チェックしよう。

------- Owen is an architect, he has a huge amount of knowledge about the city's historical buildings.

(A) Because of
(B) Before
(C) Since
(D) Also

接続詞・前置詞・副詞が 選択肢に並んでいる問題の理解

頻出度 🔥🔥🔥

語句 □ architect 建築家
□ a huge amount of 大量の、膨大な量の
□ knowledge 知識
□ historical 歴史的な

訳 Since Owen is an architect, he has a huge amount of knowledge about the city's historical buildings.

Owen は建築家なので、市の歴史的な建物に関する膨大な量の知識を持っています。

(A) Because of	～なので：前置詞句
(B) Before	～する前に：接続詞、～の前に：前置詞
(C) Since	～なので：接続詞、～以来：前置詞
(D) Also	～もまた：副詞

解説　正解への思考プロセス

 選択肢を確認　接続詞と前置詞が含まれている場合は節の数を確認

選択肢には前置詞 (句)、接続詞、副詞が並んでいます。

 正解を絞り込む　問題文には節が 2 つあることを確認

空所の後ろには Owen is an architect「Owen は建築家です」という節が続いており、さらにその後ろにはカンマに続いて 2 つ目の節が続いています。

正解を確定　接続詞の Before と Since が正解候補
→ 文意が通る方を選ぶ

節が 2 つあるので、これらを繋ぐことができるのは接続詞です。接続詞として使えるものは (B) の Before「～する前に」と (C) の Since「～なので」の 2 つです。最初の節が 2 つ目の節の「理由」であると考えれば文意が通るため、正解は (C) になります。

正解　　C

文の要素を理解しよう

Since / **Owen** / **is** / **an architect** , / **he** / **has** / **a huge amount**

接続詞　　主語　　動詞　　　補語　　　　主語　動詞　　　　目的語
～なので　Owen は　(＝)　　建築家だ　　　彼は　持って　膨大な量の知識を
　　　　　　　　　　　　　　　　　　　　　　　いる

of knowledge / about / the city's historical buildings.

　　　　　　　　～について　　　　市の歴史的な建物

Chapter 1　Chapter 2　Chapter 3　**Chapter 4** 俯瞰で見渡せ―20問

英語の語順で理解しよう ◁») 160

Since Owen is an architect, / he has a huge amount of knowledge
Owen は建築家なので　　　　　　　彼は膨大な量の知識を持っている

/ about the city's historical buildings.
　　　　市の歴史的な建物について

GEAR UP! ◁») 161

-------- Owen is an architect, he has
the city's historical buildings.

(A) Because of
(B) Before
(C) Since
(D) Also

3

since は前置詞「〜以来」、接続詞「〜して以来」として使われるが（この
場合 since の後ろには、いずれも〈過去の起点を表す表現〉が続く）、「〜
なので」という「理由を表す接続詞」としてもよく使われる。because、as、
since、for の 4 つをまとめて押さえておこう。

□ Please note that spaces can fill up quickly, since we can only
accommodate a maximum of 6 people per tour.

1 回のツアーにつき最大 6 名しか収容できないので、すぐに席が埋まってしまう場合もあ
ることにご注意ください。

語句 □ please note that ～ということにご注意ください　□ space 空き座席
□ fill up 埋まる　□ quickly すぐに　□ accommodate ～を収容する
□ a maximum of 最大　□ per ～につき

1

a huge amount of「膨大な量の」の後ろには（基本的に）不可算名詞が続く。

☐ You can store a huge amount of important data on this disk.

あなたは膨大な量の重要なデータを、このディスクに保存することができます。

語句 ☐ store ～を保存する　☐ important 重要な
☐ data データ　☐ disk ディスク

a huge amount of knowledge about

2

because of「～なので」は前置詞句なので、後ろには名詞（句）が続く。これに対して because「～なので」は接続詞なので、後ろには節が続く。

■ 理由を表す前置詞句

☐ because of　☐ owing to　☐ on account of
☐ thanks to　☐ due to

on account of だけは基本的に「起きたことが良くない内容である場合の原因」を表す場合に使う。

☐ The game was cancelled on account of rain.

試合は雨のせいで中止になりました。

語句 ☐ cancel ～をキャンセルする

■ 理由を表す接続詞

☐ because　☐ as
☐ since　☐ for

for だけは 2 つの節を並べたときに「後ろの節」（従属節）の前に付く。また、この場合 for の前にはカンマを付ける。

問題

54

◁)) 162

------- details have been revealed as of yet about the latest novel by Emil Mortensen, but there is a rumor that it may be another in *Last of the Dragon* series.

(A) Some
(B) Any
(C) Most
(D) No

POINT

否定を表す形容詞の 使い方の理解

頻出度 🔥🔥🔥

語句		
□ detail	詳細	
□ reveal	～を明らかにする	
□ as of yet	まだ今のところ	
□ latest	最新の	
□ novel	小説	
□ rumor	噂	
□ another	もう一つの	
□ series	シリーズ	

訳 No details have been revealed as of yet about the latest novel by Emil Mortensen, but there is a rumor that it may be another in *Last of the Dragon* series.

Emil Mortensen の最新の小説に関しては、まだ今のところ何も詳細は明らかになってはいませんが、それは *Last of the Dragon* シリーズの続編かもしれないと噂されています。

(A) Some	いくつかの：形容詞
(B) Any	どれをとっても：形容詞
(C) Most	ほとんどの：形容詞
(D) No	少しも～ない：形容詞

解説　正解への思考プロセス

選択肢を確認　数量形容詞が並んでいることを確認

選択肢には様々な形容詞が並んでおり、これらは名詞の数や量を表すものばかり
です。

正解を絞り込む　空所を含む節だけを見ても正解を絞り込めない

空所の後ろには名詞の details「詳細」があり、「空所＋ details」が最初の節の
主語になることが分かります。

正解を確定　後半の節に話を繋げるには No が適切

最初の節にある as of yet は「まだ今のところ」という意味で、これは否定を表
す文の中で使われる表現です。よって、正解は (D) の No「少しも〜ない」です。
最初の節の概要は「詳細はまだ明らかになっていません」となり、これが 2 つ目
の節の「某シリーズの続編だと噂されています」という内容に適切に繋がります。

正解　D

> **文の要素を理解しよう**

No details / have been revealed / as of yet / about

　　主語　　　　　　　　　動詞
少しも詳細はない　　明らかにされて　　　　　まだ今の　〜について
　　　　　　　　　　　　　　　　　　　　　　ところ

/ the latest novel / by Emil Mortensen, / but / there is

　　　　　　　　　　　　　　　　　　　　接続詞　　　　動詞
　　最新の小説　　　Emil Mortensen による　しかし　〜がある

/ a rumor / that / it / may be / another

　　主語　　接続詞　主語　　動詞　　　　補語
　　噂　（どのような それは 〜かも　　続編
　　　　噂かというと）　　　しれない

/ in *Last of the Dragon* series.

　　Last of the Dragon シリーズの

＊ there be 構文の動詞は be、主語は there be に続く名詞ですが、ここでは there is のカタマ
　リをまとめて動詞としています。there is a rumor の主語は a rumor、動詞は is になります。

もっと学び尽くす

英語の語順で理解しよう ◁)) 163

No details have been revealed / as of yet / about the latest novel
少しも詳細は 明らかにされていない まだ今のところ 最新の小説について

/ by Emil Mortensen, / but there is a rumor / that it may be another
Emil Mortensen による しかし噂がある （どのような噂かというと）
それは続編かもしれない

/ in *Last of the Dragon* series.
Last of the Dragon シリーズの

GEAR UP! ◁)) 164

 ------- details have been revealed
by Emil Mortensen, but there is a
Last of the Dragon series.

(A) Some
(B) Any
(C) Most
(D) No

COLUMN **必ず手は届くと信じよう**

英語を使って仕事をする、字幕なしで映画を見る、洋書を楽しむ。TOEIC の学習をしっかりと進めていけば、必ずこういうステージがあなたの手の届くところにやってきます。

1

as of は「～現在で」という意味を表す。ニュアンスこそ変わるが、同じように使うことのできる表現をまとめて覚えておこう。

- □ as of ～現在で
- □ effective ～から効力を発する
- □ beginning ～から始まる
- □ starting ～から始まる

- □ The play will be performed at the Suidobashi Hall for three consecutive nights beginning on November 6.
- □ The play will be performed at the Suidobashi Hall for three consecutive nights starting on November 6.

  その劇は 11 月 6 日から 3 夜連続で Suidobashi Hall で上演されます。

語句 □ play 劇　□ perform ～を上演する
　　□ for three consecutive nights 3 夜連続で

as of yet about the latest novel
rumor that it may be another in

2

「最新の」を表す形容詞

- □ latest
- □ current
- □ updated
- □ breaking (ニュースなどが)

- □ Our store should play audio recordings about current bargain items.

  当店は最新のお買い得品についての録音音声を流すべきです。

語句 □ audio recordings 録音音声
　　□ bargain item お買い得品

問題

55

🔊 165

This year's motorcycle exposition will take place in Shizuoka at which approximately three hundred motorcycles will be on display for -------.

(A) enthusiast
(B) enthusiasts
(C) enthusiastic
(D) enthusiasm

POINT

前置詞＋名詞のパターンの理解、名詞の単数形 vs 複数形の理解

頻出度 🔥🔥🔥

語句
- □ motorcycle　オートバイ
- □ exposition　博覧会
- □ take place　行われる
- □ approximately　約
- □ on display　展示されて

訳　This year's motorcycle exposition will take place in Shizuoka at which approximately three hundred motorcycles will be on display for enthusiasts.

今年のオートバイ博覧会は静岡で開催され、そこでは約 300 台のオートバイが愛好家たちのために展示されます。

(A) enthusiast	愛好家：可算名詞の単数形
(B) enthusiasts	愛好家：可算名詞の複数形
(C) enthusiastic	熱心な：形容詞
(D) enthusiasm	熱中：不可算名詞

解説 正解への思考プロセス

選択肢を確認 3 つの名詞があることに注目

選択肢には enthusiast「愛好家」の派生語が並んでいます。

正解を絞り込む 前置詞の後ろなので空所には名詞が入る

空所の前には前置詞の for があります。前置詞の後ろには名詞が続きます。

正解を確定 関係代名詞節の文意が成立するものを選ぶ

空所を含む節の内容が「約 300 台のオートバイが～のために展示されます」というものなので、空所には (B) の enthusiasts「愛好家」を入れれば良いことが分かります。(D) の enthusiasm「熱中」も名詞ではありますが、ここでは文意に沿いません。enthusiast は可算名詞なので、単数形を使う場合には前に冠詞（an/the）や代名詞の所有格などが必要であることも押さえておいてください。

正解 **B**

文の要素を理解しよう

This year's motorcycle exposition / will take place
　　　　　　主語　　　　　　　　　　　　　　　動詞
　今年のオートバイ博覧会は　　　　　　　　開催される

/ in Shizuoka / at which / approximately three hundred motorcycles
　　　　　　（関係代名詞の目的格）　　　　　　　（主語）
　　静岡で　　（そしてそこで）　　　　　約 300 台のオートバイが

/ will be / on display / for enthusiasts.
　（動詞）
　～だろう　　展示される　　愛好家たちのために

＊目的格の関係代名詞 which の先行詞は This year's motorcycle exposition です。

Chapter 1　Chapter 2　Chapter 3　**Chapter 4** 俯瞰で見渡せ―20問

英語の語順で理解しよう ◁)) 166

This year's motorcycle exposition will take place in Shizuoka
今年のオートバイ博覧会は静岡で開催される

/ at which approximately three hundred motorcycles will be on
（そしてそこで）約 300 台のオートバイが展示される

display / for enthusiasts.
愛好家たちのために

GEAR UP! ◁)) 167

This year's motorcycle exposition
approximately three hundred mot

(A) enthusiast
(B) enthusiasts
(C) enthusiastic
(D) enthusiasm

3

approximately「約」は about に言い換えることができる。

☐ This tour lasts approximately 2 hours.
☐ This tour lasts about 2 hours.
このツアーは約 2 時間かかります。

語句 ☐ last 続く

1

take place「行われる」は be held に言い換えることができる。

☐ RCU's Beach Cleanup event will take place this coming Saturday at 9 A.M.

☐ RCU's Beach Cleanup event will be held this coming Saturday at 9 A.M.

RCU Beach Cleanup イベントは来たる土曜日の午前 9 時に開催されます。

語句 ☐ coming 来たる

will take place in Shizuoka at which orcycles will be on display for -------.

2

at which は関係副詞の where に置き換えることができる。

☐ This is the store at which I got this stapler yesterday.

☐ This is the store where I got this stapler yesterday.

こちらが、昨日私がこのホチキスを買ったお店です。

語句 ☐ stapler ホチキス

4

be on display「展示されている」は受動態の be displayed に言い換えることが可能。

☐ Some produce is on display under a canopy.

☐ Some produce is displayed under a canopy.

農作物がテントの屋根の下に陳列されています。

語句 ☐ produce 農作物 ☐ canopy テントの屋根

Chapter 1

Chapter 2

Chapter 3

Chapter 4 俯瞰で見渡せ―20問

------- advancements in motor vehicle technology means that the reduction of CO2 emissions can now easily be achieved at no extra expense.

(A) Make
(B) Have made
(C) Making
(D) Made

POINT

文の要素の理解

頻出度 🔥🔥🔥

語句	
□ make advancements	進歩がある
□ motor vehicle	自動車
□ technology	技術
□ reduction	削減
□ CO2	二酸化炭素
□ emission	排出
□ easily	簡単に
□ achieve	～を達成する
□ at no extra expense	追加費用なしで

訳 Making advancements in motor vehicle technology means that the reduction of CO2 emissions can now easily be achieved at no extra expense.

自動車技術に進歩があるということは、二酸化炭素の排出の削減が追加の費用なしで今では簡単に達成することができることを意味します。

□ make	～を作る
(A) Make	動詞の原形・現在形
(B) Have made	現在完了形
(C) Making	動名詞、現在分詞
(D) Made	動詞の過去形、過去分詞

選択肢を 確認 make の活用形が並んでいるが、
空所が文頭なので注意を要すると判断

選択肢には動詞 make「〜を作る」の活用形などが並んでいます。

 正解を 絞り込む 空所から technology までが主語になることを確認

空所の後ろには名詞の advancements「進歩」があり、空所から technology までが、その後に続く動詞 means の主語であることが分かります。

 正解を 確定 目的語を取り、なおかつ主語になれるのは動名詞
→ 動名詞は三人称単数扱い

advancements を目的語に取り、なおかつ主語の一部になったうえで文意が通るのは、(C) の Making です。make advancements で「進歩がある」という意味になります。動名詞（から始まるカタマリ）が主語になる場合には三人称単数扱いになるので、動詞の means ともマッチします。Making 以外は、いずれも文頭において主語にすることはできません。

正解 **C**

● 文の要素を理解しよう

Making advancements in motor vehicle technology / means
　　　　　　　　主語　　　　　　　　　　　　　　　　　　　動詞
　　　　自動車技術に進歩があることは　　　　　　　　　意味する

/ that / the reduction of CO_2 emissions / can now easily be
　接続詞　　　　　　　　　主語　　　　　　　　　　　動詞
（何を意味する　　　二酸化炭素の削減は　　　　今では簡単に達成できる
かというと）

achieved / at no extra expense.

　　　　　　追加の費用なしで

英語の語順で理解しよう ◁» 169

Making advancements in motor vehicle technology / means
　　　　自動車技術に進歩があることは　　　　　　　　　　意味する

/ that the reduction of CO2 emissions / can now easily be achieved
（何を意味するかというと）二酸化炭素の削減は　　　今では簡単に達成できる

/ at no extra expense.
　　追加の費用なしで

GEAR UP! ◁» 170

-------- advancements in motor vehicle
CO2 emissions can now easily be achi

(A) Make
(B) Have made
(C) Making
(D) Made

2

CO2「二酸化炭素」は carbon dioxide とも表される。

□ We have to reduce carbon dioxide, which is
called a heat-trapping gas.

私たちは温室効果ガスと呼ばれる二酸化炭素を減らさなければなり
ません。

語句 □ have to do ～しなければならない
　　□ reduce ～を減らす
　　□ heat-trapping gas 温室効果ガス

1

motor vehicle は「自動車」、motorcycle は「オートバイ」。

☐ Some boxes are being transported by motorcycle.

いくつかの箱がオートバイで運ばれているところです。

語句 ☐ transport ～を輸送する

---

technology means that the reduction of
eved at no extra expense.

3

「無料で」には様々な表し方がある。

☐ at no charge　　　☐ for nothing
☐ at no cost　　　　☐ free of charge
☐ at no fee　　　　 ☐ with no charge
☐ for free (of charge)　☐ without charge

☐ His grandfather let Mr. Sugiyama use his land free of charge.

Sugiyama さんの祖父は、彼に自分の土地を無償で使わせてあげました。

語句 ☐ let A do A に～させる　☐ land 土地

------- that the new construction project will create hundreds of jobs, the mayor of Long Beach eagerly gave his approval.

(A) To know
(B) Knowing
(C) Knows
(D) Knew

分詞構文の理解

頻出度 🔥🔥🔥

語句		
□ construction		建設
□ create		～を創造する
□ hundreds of		数百の
□ mayor		市長
□ eagerly		熱心に、はやる思いで
□ give one's approval		承認を与える

訳 Knowing that the new construction project will create hundreds of jobs, the mayor of Long Beach eagerly gave his approval.

新しい建設プロジェクトは数百の仕事を創造することが分かっているので、ロングビーチの市長ははやる思いで承認を与えました。

□ know	～を知っている
(A) To know	不定詞
(B) Knowing	動名詞、現在分詞
(C) Knows	動詞の三人称単数現在形
(D) Knew	動詞の過去形

選択肢を 確認 know の活用形が並んでいるが、
空所が文頭なので注意を要すると判断

選択肢には動詞 know「~を知っている」の様々な形が並んでいます。

 正解を 絞り込む 空所以降に節が 2 つあることを確認

空所の後ろには接続詞の that があり、さらに後ろに進むとカンマ、そして 2 つ目
の節が続いています。

 正解を 確定 空所~ jobs の主語は the mayor of Long Beach
→ 分詞構文だと理解し文意を確認

that 節の内容は「新しい建設プロジェクトは数百の仕事を創造する」、カンマ以降
の節の内容は「ロングビーチの市長は、はやる思いで承認を与えた」となっていま
す。that 節の内容はカンマ以降の節の内容の「理由」となることが分かります。最
初の節は、元々は Because he knew that ... であり、接続詞と主語を外し、動
詞を doing 形にして分詞構文にしたものが本問の前半であると考えてください。
正解は (B) の Knowing です。Knowing that で「~ということを知っているの
で」という意味になります。(A) の不定詞 To know を空所にいれても文意が通ら
ず、(C) の Knows と (D) の Knew はいずれも文頭で使う形ではありません。

正解 **B**

文の要素を理解しよう

Knowing that / the new construction project / will create
　　　　接続詞　　　　　　　　主語　　　　　　　　　　　動詞
知っているので　　　　　新しい建設プロジェクトは　　　　創造する
（何を知っているのかというと）

/ hundreds of jobs, / the mayor of Long Beach / eagerly
　　　　目的語　　　　　　　　　　主語
　　数百の仕事を　　　　（だから）ロングビーチの市長は

gave / his approval.
　動詞　　　目的語
はやる思いで　承認を
　与えた

＊ Knowing の部分は GEAR UP の項目を参照してください。

英語の語順で理解しよう ◁)) 172

Knowing that / the new construction project will create hundreds
　知っているので　　　　新しい建設プロジェクトは数百の仕事を創造することを

of jobs, / the mayor of Long Beach eagerly gave his approval.
　　　　　　　ロングビーチの市長ははやる思いで承認を与えた

GEAR UP! ◁)) 173

------- that the new construction project will create hundreds of jobs, the mayor of Long Beach eagerly gave his approval.

(A) To know
(B) Knowing
(C) Knows
(D) Knew

1

Knowing は「～を知っているので」という分詞構文として頻出の表現。これを否定表現にすると Not knowing「～を知らないので」となる。

☐ Not knowing what to do, Ms. Berger had to ask some questions directly to her mentor.

何をすればいいのか分からなかったので、Berger さんは指導係に直接質問をしなければなりませんでした。

語句 ☐ have to do ～しなければならない
　　☐ ask A to B A を B に質問する　☐ directly 直接
　　☐ mentor 指導係

次の文の空所を埋めましょう。

① finance は名詞としてだけでなく、「 ＿＿＿＿ 」という意味の動詞としても使われる。

② another「もう一つの」、each「それぞれの」、every「全ての」は、いずれも ＿＿＿＿ を修飾する。

③ 文頭が Of で始まる文は、＿＿＿＿ を表す内容であることがしばしばある。

④ over the last decade のような前置詞の over「～にわたって」＋期間を表す表現は、基本的に ＿＿＿＿ 形で使われる。

⑤ 他動詞の recall は「～を回収する」という意味の他に、「 ＿＿＿＿ 」という意味でも使われる。

⑥ purchase は「購入」という意味で使われる場合は ＿＿＿＿ 名詞、「購入品」という意味で使われる場合は ＿＿＿＿ 名詞である。

⑦ since は前置詞「～以来」、接続詞「～して以来」として使われる場合、後ろには、いずれも〈 ＿＿＿＿ を表す表現〉が続く。

⑧ take place は ＿＿＿＿ に言い換えることが可能である。

解答は 328 ページへ
間違えたら 79、123、138、152、212、213、258、267 ページをもう一度チェックしよう。

問題 58

🔊)) 174

Ms. Fitzsimmons, an inspector, reported ------- she would need an additional few days to thoroughly review the safety practices at the power station.

(A) that
(B) which
(C) where
(D) what

接続詞 vs 関係代名詞の理解

頻出度 🔥🔥🔥

語句	
□ inspector	検査官
□ report	〜を報告する
□ would	〜だろう
□ additional	追加の
□ thoroughly	徹底的に
□ review	〜を再調査する
□ safety practice	安全対策
□ power station	発電所

訳 Ms. Fitzsimmons, an inspector, reported that she would need an additional few days to thoroughly review the safety practices at the power station.

検査官である Fitzsimmons さんは、発電所の安全対策を徹底的に再調査するためには数日の追加の日程が必要だろう、という報告をしました。

(A) that	関係代名詞の主格・目的格、接続詞
(B) which	関係代名詞の主格・目的格
(C) where	関係副詞
(D) what	先行詞を含んだ関係代名詞 (= thing(s) which)

276

解説 正解への思考プロセス

 選択肢を 確認 **接続詞と関係詞が並んでいることを確認**

選択肢には接続詞や関係代名詞、関係副詞が並んでいます。

 正解を 絞り込む **空所の前に動詞、後ろは節**

空所の前には Ms. Fitzsimmons, an inspector, reported「検査官の Fitzsimmons さんは報告しました」という節があり、後ろにも she would need ... という 2 つ目の節が続いています。

正解を 確定 **「動詞＋接続詞の that ＋節」という流れを作る → 文意を確認**

節と節を繋ぐのは接続詞です。接続詞は (A) の that だけであり、report は後ろに that 節を続けることが可能です。(B) の which と (C) の where は関係詞として使うことができますが、いずれも直前に先行詞となる名詞が必要です。(D) の what は先行詞を含んだ関係代名詞ですが、後ろに続く節の中では主語や目的語になるため、本問のように後ろに完全な文は続きません。

正解 **A**

● 文の要素を理解しよう

Ms. Fitzsimmons, an inspector, / **reported** / that
主語　　　　　　　　　　　　　　　　　動詞　　接続詞
検査官の Fitzsimmons さんは　　　　　報告した　（何を報告した
　　　　　　　　　　　　　　　　　　　　　　　　のかというと）

/ **she** / **would need** / **an additional few days** / to thoroughly
主語　　動詞　　　　　　　目的語
彼女は　必要だろう　　　　数日の追加の日程を　　徹底的に再調査する
　　　　　　　　　　　　　　　　　　　　　　　　ために

review / the safety practices / at the power station.

安全対策を　　　　　　　発電所の

Chapter 1　Chapter 2　Chapter 3　**Chapter 4 俯瞰で見渡せ─20問**

もっと学び尽くす

英語の語順で理解しよう ◁)) 125

Ms. Fitzsimmons, an inspector, reported / that she would need an
検査官の Fitzsimmons さんは報告した　　彼女は数日の追加の日程が必要だろう

additional few days / to thoroughly review the safety practices
　　　　　　　　　　　　安全対策を徹底的に再調査するために

/ at the power station.
　　　発電所の

GEAR UP! ◁)) 126

Ms. Fitzsimmons, an inspector, reported -------
to thoroughly review the safety practices at the

(A) that
(B) which
(C) where
(D) what

COLUMN　「高嶺の花」を手に入れることを目指す

「高嶺の花」をつかむことにこだわり続けることが、確実に結果を出すための必須条件です。心の底から「高嶺の花」を手に入れたいのかどうか、それを再度自分に問い掛けてみてください。それが本心であるならば、是非人生を懸ける意気込みで挑戦してみてください。

1

an additional few days「追加となる数日」は、冠詞の an から始まって いるが最後の単語が days という複数形になっている。これは additional few days「追加の数日間」をひとかたまりのものだと考えているからだ。

□ The government has extended unemployment benefits for an additional three-weeks.

政府は失業給付金の給付期間を3週間延長しました。

語句 □ government 政府 □ extend ～を延ばす
□ unemployment benefits 失業給付金
□ for an additional three-weeks 3週間追加で

she would need an additional few days power station.

2

power station「発電所」は power plant と言い換え ることも可能。

□ There are power plants here in East Africa.

ここ東アフリカにはいくつかの発電所があります。

語句 □ there be ～がある

279

59

◁))) 177

------- in this year's overseas training program should carefully check the expiration date on their passports to avoid any problems crossing the borders.

(A) Participant
(B) Participants
(C) Participation
(D) Participate

POINT

名詞 vs 名詞の理解

頻出度 🔥🔥🔥

語句
□ overseas training program　海外研修プログラム
□ carefully　注意深く
□ check　～を確認する
□ expiration date　有効期限
□ avoid　～を避ける
□ cross the borders　国境を越える

訳　Participants in this year's overseas training program should carefully check the expiration date on their passports to avoid any problems crossing the borders.

今年の海外研修プログラムへの参加者は、国境を越える際のいかなる問題も避けるため、パスポートにある有効期限を注意深く確認するべきです。

(A) Participant　　　参加者：可算名詞の単数形
(B) Participants　　参加者：可算名詞の複数形
(C) Participation　　参加：不可算名詞
(D) Participate　　　参加する：動詞の原形・現在形

解説 正解への思考プロセス

選択肢を 確認 動詞 participate の派生語などが並んでいるが、そのうちの 3 つが名詞であると認識する

選択肢には動詞 participate「参加する」の派生語などが並んでいます。

正解を 絞り込む 動詞より前に主語がないことを確認

空所は問題文の文頭にあり、空所から program までが問題文の主部であることが分かります。空所が主語で、in ～ program が後ろから主語を修飾しています。

正解を 確定 should carefully check は人が行うこと ＋ Participant は可算名詞

問題文の先頭に置いて主語となるのは名詞なので、(A) ～ (C) が文法的には正解候補となります。動詞以降を見てみると should carefully check the expiration date「有効期限を注意深く確認するべきです」とあるため、この動作を行うのは人であることが分かります。人を表す名詞は (A) と (B) ですが、Participant「参加者」は可算名詞なので単数形の前には冠詞や代名詞の所有格などが必要になります。よって、正解は複数形である (B) の Participants です。

正解 **B**

文の要素を理解しよう

Participants in this year's overseas training program

主語
今年の海外研修プログラムへの参加者は

/ should carefully check / the expiration date / on their

動詞　　　　　　　　　　　目的語
注意深く確認するべきだ　　有効期限を　　　　パスポート上の

passports / to avoid / any problems / crossing the borders.

避けるために　　いかなる問題も　　　国境を越える際の

Chapter 1　Chapter 2　Chapter 3　**Chapter 4** 俯瞰で見渡せ――20問

もっと学び尽くす

英語の語順で理解しよう ◁ᴺ)) 178

Participants in this year's overseas training program
　　　　今年の海外研修プログラムへの参加者は

/ should carefully check the expiration date / on their passports
　　有効期限を注意深く確認するべきだ　　　　　　　　パスポート上の

/ to avoid any problems crossing the borders.
　　国境を越える際のいかなる問題も避けるために

GEAR UP! ◁ᴺ)) 179

------- in this year's overseas training
expiration date on their passports to

(A) Participant
(B) Participants
(C) Participation
(D) Participate

1

expiration は「期限切れ」という意味の名詞だが、expire
「期限が切れる」という動詞も押さえておくこと。

☐ This voucher expires at the end of this year.
　　この商品引換券は、今年の年末に使用期限が切れます。

語句 ☐ voucher 商品引換券　☐ at the end of ～の終わりに

2

avoid「〜を避ける」は、後ろに動詞の doing 形か名詞が続く。

☐ Ian said that to speed up correspondence, he would like to avoid using e-mail.

やり取りを早くするために、E メールを使うことは避けたいですと Ian は言いました。

語句　☐ speed up 〜を早くする　☐ correspondence やり取り、通信
　　　☐ would like to do 〜したい

~~program should carefully check the~~
~~avoid any problems crossing the borders.~~

3

-ent や -ant で終わる単語で「人を表すもの」を覚えよう。

☐ student	学生	☐ client	クライアント
☐ participant	参加者	☐ opponent	敵
☐ applicant	応募者	☐ proficient	達人
☐ assistant	アシスタント	☐ recipient	受領者、受信者

☐ The recipient of the award will be announced at the banquet tonight.

受賞者は今晩行われる宴会で発表されます。

語句　☐ award 賞　☐ announce 〜を発表する
　　　☐ banquet 宴会　☐ tonight 今晩

When ------- this dishwasher, please ensure you twist the top of the detergent dispenser clockwise so that it is sealed firmly in place.

(A) operating
(B) operated
(C) to operate
(D) operates

主語などの省略の理解

頻出度 🔥🔥🔥

語句		
□ dishwasher	食器洗浄機	
□ ensure (that)	確実に~する	
□ twist	~を回す	
□ detergent dispenser	洗剤ディスペンサー	
□ clockwise	時計回りに	
□ so that	~するように	
□ seal	~を密閉する	
□ firmly	しっかりと	
□ in place	適所で	

訳 When operating this dishwasher, please ensure you twist the top of the detergent dispenser clockwise so that it is sealed firmly in place.
この食器洗浄機を使う際は、適所でしっかりと密閉されるよう、洗剤ディスペンサーの上の部分を時計回りに確実に回してください。

□ operate	~を操作する
(A) operating	動名詞、現在分詞
(B) operated	動詞の過去形、過去分詞
(C) to operate	不定詞
(D) operates	動詞の三人称単数現在形

解説 正解への思考プロセス

選択肢を確認 動詞 operate の様々な形が並んでいるのを確認

選択肢には動詞 operate「〜を操作する」の様々な形が並んでいます。

正解を絞り込む 空所の前は接続詞の When、後ろは this dishwasher

空所の前には接続詞の When「〜するとき」があり、後ろには空所に入る語の目的語となりそうな、名詞句の this dishwasher「この食器洗浄機」が続いています。

正解を確定 when doing「〜するとき」の形だと判断 → 文意を確認

接続詞 when の後ろには、通常であれば「主語＋動詞」が続きます。本来であれば When you operate this dishwasher「あなたがこの食器洗浄機を使うとき」となるはずですが、本問では主語の you を省略し、動詞を doing 形にしていると考えてください。よって、正解は (A) の operating「〜を操作している」です。

正解 A

文の要素を理解しよう

When / operating / this dishwasher, / please ensure
接続詞　　　　　　　　　　　　　　　　　　　動詞
〜するときは　操作する　　この食器洗浄機を　確実に〜してください

/ you twist the top of the detergent dispenser / clockwise
　　　　　　　　　　目的語
あなたが洗剤ディスペンサーの上の部分を回すことを　　時計回りに

/ so that / it / is sealed firmly / in place.
接続詞　　主語　　　動詞
〜する　それが　しっかりと　　適所で
ように　　　　密閉される

＊ When operating の部分は【正解を確定】の項目を参照してください。

When operating this dishwasher, / please ensure you twist the
この食器洗浄機を使う際は

top of the detergent dispenser clockwise / so that it is sealed
洗剤ディスペンサーの上の部分を時計回りに確実に回してください

firmly in place.
それが適所でしっかりと密閉されるように

GEAR UP! ◁») 182

When ------- this dishwasher, please
ensure you twist the top of the detergent
dispenser clockwise so that it is sealed
firmly in place.

(A) operating
(B) operated
(C) to operate
(D) operates

1

clockwise は「時計回りに」という意味の副詞。「反時計回りに」は counterclockwise と表す。

☐ If you would like to open this box, please turn the handle counterclockwise.
この箱を開けたいのでしたら、ハンドルを反時計回りに回してください。

語句 ☐ would like to do ～したい ☐ handle ハンドル

☑ SKILL CHECK!

① 「〜にもかかわらず」を表す4つの表現（前置詞〈句〉）
を答えましょう。

・＿＿＿＿＿＿
・＿＿＿＿＿＿
・＿＿＿＿＿＿
・＿＿＿＿＿＿

following の品詞ごとの意味を答えましょう。

② 現在分詞　［　　　　　］
③ 前置詞　　［　　　　　］
④ 形容詞　　［　　　　　］
⑤ 動名詞　　［　　　　　］

解答は 328 ページへ
間違えたら 55、201 ページをもう一度チェック！

Chapter 4 俯瞰で見渡せ──20問

Most of the branch managers prefer to train their staff
------- rather than relying on outside training programs
or other employees.

(A) they
(B) their
(C) them
(D) themselves

代名詞の理解

頻出度 🔥🔥🔥

語句		
□ most of	～のほとんど	
□ branch manager	支店長	
□ prefer to do	～することを好む	
□ train	～を訓練する	
□ rather than	～よりもむしろ	
□ rely on	～に頼る	
□ outside	外部の	
□ training program	研修プログラム	
□ employee	従業員	

訳　Most of the branch managers prefer to train their staff themselves
rather than relying on outside training programs or other employees.

ほとんどの支店長は、外部の研修プログラムや他の従業員に頼るよりも、むしろ彼
ら自身でスタッフを研修することを好みます。

(A) they	彼らは：主格の代名詞
(B) their	彼らの：所有格の代名詞
(C) them	彼らを：目的格の代名詞
(D) themselves	彼ら自身：再帰代名詞

解説 正解への思考プロセス

選択肢を確認 **代名詞が並んでいることを確認＋再帰代名詞には注意**

選択肢には代名詞の様々な格と再帰代名詞が並んでいます。

正解を絞り込む **rather than の前後の内容同士が比較の対象となる**

空所の前には Most of the branch managers prefer to train their staff 「支店長のほとんどはスタッフを研修することを好む」があり、後ろには接続詞の rather than「〜よりもむしろ」が続いています。rather than の前後の内容同士が比較の対象となります。

正解を確定 **主語が同じ節に再び登場するときは再帰代名詞を使う ＋再帰代名詞は完全な文に加えることが可能**

空所の後ろは接続詞の rather than なので、その前で問題文を区切ることができます。また、Most of the branch managers prefer to train their staff は完全な文なので、空所には完全な文に付け加えることができるものを選ぶ必要があります。(A) 〜 (C) はいずれも文の要素となるものなので、完全な文に付け足すことはできません。正解は (D) の themselves「彼ら自身」です。この themselves は主語の Most of the branch managers を指しています。

正解 **D**

文の要素を理解しよう

Most of the branch managers / prefer to train / their staff
主語　　　　　　　　　　　　　動詞　　　　　　目的語
ほとんどの支店長は　　　研修することを好む　彼らのスタッフを

/ themselves / rather than / relying on / outside training programs
接続詞
彼ら自身で　〜よりもむしろ　〜に頼る　　　外部の研修プログラム

/ or other employees.
もしくは他の従業員

289

英語の語順で理解しよう ◁») 184

Most of the branch managers prefer to train their staff themselves
ほとんどの支店長は彼ら自身でスタッフを研修することを好む

/ rather than relying on outside training programs / or other employees.
外部の研修プログラムに頼るよりもむしろ　　　　　もしくは他の従業員

GEAR UP! ◁») 185

Most of the branch managers prefer to train their staff ------- rather than relying on outside training programs or other employees.

(A) they
(B) their
(C) them
(D) themselves

1

再帰代名詞は、主語と目的語が同じ場合に目的語として使うことができる。

□ I found that it was very difficult for me to make myself understood in Chinese.
中国語で自分の言いたいことを相手に伝えることは私にとって難しいということが分かりました。

語句 □ make oneself understood 自分の言いたいことを相手に伝える

再帰代名詞には以下のような慣用表現もある。

| □ by oneself | 一人で | □ for oneself | 自分のために |
| □ in oneself | それ自体は | □ beside oneself | 我を忘れて |

また、主語や目的語の部分に再帰代名詞を置いて使う強調用法もある。

□ I myself wrote a message on the invitation card.
私自身が招待状のメッセージを書きました。

語句 □ myself 私自身　□ invitation card 招待状

☑ SKILL CHECK!

次の単語の意味を答えましょう。

① maneuver [　　　　　]
② utilize [　　　　　]
③ amendment [　　　　　]
④ productivity [　　　　　]
⑤ quit [　　　　　]
⑥ passenger [　　　　　]
⑦ latter [　　　　　]
⑧ blink [　　　　　]
⑨ reveal [　　　　　]
⑩ emission [　　　　　]

解答は 328 ページへ
間違えたら 178、181、186、194、206、252、260、268 ページをもう一度チェックしよう。

------- his time as manager at A&E Fashion Boutique, Mr. Connors was able to fit into his position with no problems.

(A) While
(B) Although
(C) Through
(D) Among

POINT

接続詞と前置詞が選択肢に並んでいる問題の理解

頻出度 🔥🔥🔥

語句		
□ as		～として
□ manager		部長
□ be able to do		～することができる
□ fit into		～に合う、しっくりくる
□ position		職、地位
□ with no problems		問題なく

訳 Through his time as manager at A&E Fashion Boutique, Mr. Connors was able to fit into his position with no problems.

A&E Boutique の部長だった間中ずっと、Connors さんは問題なくそのポジションに適応することができました。

(A) While	～する間：接続詞
(B) Although	～だけれども：接続詞
(C) Through	～の間中：前置詞
(D) Among	～の間で：前置詞

解説 正解への思考プロセス

 選択肢を確認 **接続詞 vs 前置詞の問題では節の数を確認**

選択肢には接続詞と前置詞が並んでいます。

 正解を絞り込む **節は 1 つなので空所に接続詞は入らない**

空所の後ろには his time as manager at A&E Fashion Boutique「A&E Fashion Boutique の部長だったとき」という名詞句があり、さらにその後ろにはカンマと節が続いています。

正解を確定 **空所に入れて文意が通る前置詞は Through**

名詞句の前に置けるのは前置詞です。前置詞は (C) の Through「〜の間中」と (D) の Among「〜の間で」です。空所に入れて文意が通るのは Through です。

正解 **C**

● **文の要素を理解しよう**

Through his time as manager / at A&E Fashion Boutique,

彼が部長だった間中ずっと　　　　A&E Boutique で

/ **Mr. Connors / was able to fit into / his position**

主語　　　　　　動詞　　　　　　　　目的語
Connors さんは　適応することができた　彼のポジションに

/ with no problems.

問題なく

＊ fit into は自動詞＋前置詞から成る句動詞、his position はその目的語であるとしています。

英語の語順で理解しよう ◁) 187

Through his time as manager at A&E Fashion Boutique,
　　　A&E Boutique の部長だった間中ずっと

/ Mr. Connors was able to fit into his position / with no problems.
　　Connors さんはそのポジションに適応することができた　　　問題なく

GEAR UP! ◁) 188

------- his time as manager at A&E Fashion
Boutique, Mr. Connors was able to fit into
his position with no problems.

(A) While
(B) Although
(C) Through
(D) Among

1

前置詞の through「〜の間中」は、後ろに場所や時間を表す表現などを続けることができる。これは throughout「〜の間中ずっと」にも同じことが言える。

☐ through the broken door | 壊れた扉を通って
☐ through the day | 一日中
☐ throughout the street | 通りの至る所で
☐ through the next three days | これから 3 日間を通して

☐ Alexis remained popular throughout his tenure as mayor.
　　Alexis は市長としての在職期間中ずっと人気がありました。

語句 ☐ remain 〜のままだ ☐ popular 人気がある
　　☐ tenure 在職期間 ☐ mayor 市長

次の英文の空所を埋めましょう。

① Mr. Middleton would have gotten _____ if he had worked harder.
Middleton さんは、もっと一生懸命働いていたら、昇進したでしょう。

② This product is _____ to one per customer.
この商品はおひとり様 1 点限りとさせていただいております。

③ That's a great idea. If _____, I'd like to help out.
それは素晴らしいアイディアですね。もし可能であれば私もお手伝いしたいです。

④ There were ten people in the gym _____ me.
ジムには自分以外に 10 人の人たちがいました。

⑤ Our CEO is _____ that our latest toy will sell well.
私たちの最新のおもちゃはよく売れると CEO は確信しています。

⑥ The play will be performed at the Suidobashi Hall for three _____ nights beginning on November 6.
その劇は 11 月 6 日から 3 夜連続で Suidobashi Hall で上演されます。

⑦ This tour lasts about 2 hours.
＝This tour lasts _____ 2 hours.
このツアーは約 2 時間かかります。

⑧ His grandfather let Mr. Sugiyama use his land _____ of charge.
Sugiyama さんの祖父は、彼に自分の土地を無償で使わせてあげました。

解答は 328 ページへ
間違えたら 188、221、224、229、232、263、266、271 ページをもう一度チェックしよう。

Due to construction work, the opening hours of this store will be affected this week with earlier closing times and ------- without electricity.

(A) is
(B) being
(C) were
(D) was

POINT

分詞の使い方の理解、パラレリズムの理解

頻出度 🔥🔥🔥

語句		
□ due to		～が原因で
□ construction work		建設作業
□ opening hours		営業時間
□ affect		～に影響を与える
□ earlier closing times		いつもよりも早い閉店時間
□ area		エリア、場所
□ electricity		電気

訳 Due to construction work, the opening hours of this store will be affected this week with earlier closing times and some areas being without electricity.

建設作業が原因で、今週当店の営業時間は閉店時間を早めにしなくてはならないことと、停電になるいくつかのエリアが出てしまうという影響を受けます。

(A) is	三人称単数現在形
(B) being	動名詞、現在分詞
(C) were	主語が you、もしくは複数形の場合の過去形
(D) was	主語が一人称、もしくは三人称の場合の過去形

解説 正解への思考プロセス

選択肢を
確認 **be 動詞の時制や主述の一致の問題と推測**
（ただし being には注意）

選択肢には be 動詞の様々な形が並んでいます。

正解を
絞り込む **空所に動詞が入るのかどうかを検討**

空所の前には some areas「いくつかのエリア」、後ろには without electricity
「停電して」が続いています。普通に考えると、空所には動詞が入るように思える
はずです。

正解を
確定 **時制と主述の一致の観点 → 空所に動詞は入れられない**

空所に入るのは be 動詞なので、前後が主語と補語の関係になると考えること
ができます。some areas は複数形なので、(A) の is と (D) の was は不適切、
(C) の were は some areas と一緒に使うことができますが、本問では will be
affected「影響を受けるだろう」という未来を表す表現が使われているので、こ
こで過去形を使うと時制の観点から矛盾が生じます。正解は (B) の being で
す。some areas will be without electricity が本来の形ですが、この部分は
earlier closing times「早めの閉店時間」と並列で with の目的語となってい
ます（パラレリズム）。and の前が名詞句なので、後ろも名詞句にする必要がある
ため、will be を現在分詞に変えて「名詞＋分詞＋α」の形にしたものが some
areas being without electricity「停電になるいくつかのエリア」です。

文の要素を理解しよう

正解 B

Due to / construction work, / **the opening hours of this store**

~が原因で　　　建設作業　　　　　　主語
　　　　　　　　　　　　　　　　　　当店の営業時間は

/ **will be affected** / this week / with earlier closing times / and

　　動詞
　影響を受けるだろう　　　今週　　　早めの閉店時間になって　　（そして）
　　　　　　　　　　　　　　　　　しまうという

/ some areas / being without electricity.

いくつかのエリアが　　　停電になる

297

もっと学び尽くす

Due to construction work, / the opening hours of this store
　　建設作業が原因で　　　　　　　　　　　　当店の営業時間は

/ will be affected this week / with earlier closing times / and some
　今週影響を受けるだろう　　　早めの閉店時間になってしまうという

areas being without electricity.
　そしていくつかのエリアが停電になる

GEAR UP! ◁ᴗ» 191

Due to construction work, the opening
hours of this store will be affected this
week with earlier closing times and some
areas ------- without electricity.

(A) is
(B) being
(C) were
(D) was

will は意思「〜するつもりだ」や推測「〜するだろう」などの意味を持つ
「未来を表す表現」。英語の時制は現在と過去の 2 つであり、will は「助
動詞 will の現在形」で、未来形ではない。英語には未来形はないという
ことをここで強調しておきたい。

□ I will go to the park tomorrow.　私は明日公園に行くつもりです。

この文は「現時点」で「私は公園に行くつもりです」という「意思」を持っ
ている、ということを表している。また、今、家のチャイムが鳴り「宅配業者が
来た」と思った（推測した）場合には以下のように表す。「チャイムが鳴り宅
配業者が来た」のは、決して未来のことではなく今起きていることなのだ。

□ That will be a courier.　あれはきっと宅配業者です。

語句 □ courier 宅配業者

☑ SKILL CHECK!

① 理由を表す前置詞句を5つ答えましょう。

- ・ ＿＿＿＿＿＿
- ・ ＿＿＿＿＿＿
- ・ ＿＿＿＿＿＿
- ・ ＿＿＿＿＿＿
- ・ ＿＿＿＿＿＿

② 理由を表す接続詞を4つ答えましょう。

- ・ ＿＿＿＿＿＿
- ・ ＿＿＿＿＿＿
- ・ ＿＿＿＿＿＿
- ・ ＿＿＿＿＿＿

再帰代名詞を使った慣用表現の空所を埋めましょう。

③ ＿＿＿＿＿ oneself　自分のために
④ ＿＿＿＿＿ oneself　一人で
⑤ ＿＿＿＿＿ oneself　我を忘れて
⑥ ＿＿＿＿＿ oneself　それ自体は

解答は 328 ページへ
間違えたら 259、290 ページをもう一度チェックしよう。

Our customers should be aware that items will not be shipped until payment -------.

(A) has been confirmed
(B) was confirmed
(C) will be confirmed
(D) is being confirmed

時制の理解

頻出度 🔥🔥🔥

語句		
□ customer	顧客	
□ be aware that	～に留意する	
□ item	商品	
□ ship	～を出荷する	
□ until	～するまでずっと	
□ payment	支払い	

訳 Our customers should be aware that items will not be shipped until payment has been confirmed.

当社の顧客は、支払いが確認されるまでは商品は出荷されないということにご留意ください。

□ confirm	～を確認する
(A) has been confirmed	現在完了形の受動態
(B) was confirmed	過去形の受動態
(C) will be confirmed	未来を表す表現の受動態
(D) is being confirmed	現在進行形の受動態

選択肢を確認 時制と主述の一致の両方からのアプローチが必要だと推測

選択肢には動詞 confirm「〜を確認する」の様々な形が並んでおり、全てが be 動詞＋過去分詞から成る受動態となっています。

 正解を絞り込む 空所の前には接続詞の until と主語がある
→ この節だけでは正解を絞り込めないことに気付く

空所の前には接続詞の until「〜するまで (ずっと)」から始まる節の主語となる payment「支払い」があり、後ろはピリオドで文が終わっています。

 正解を確定 未来を表す表現、現在進行形、現在完了形をきちんと使い分ける

最初の節では助動詞の should「〜すべきだ」、2 つ目の節では助動詞の will「〜だろう」を使っており、これらはいずれも時制は「現在」です。時制の観点から正解候補は (A) と (C)、そして (D) になりますが、(C) と (D) は顧客に対して「常日頃から知っておいてほしい内容」を述べている本問においては文意が通りません。(C) は未来を表す表現ですし、(D) は現在進行形の受動態なので「今この瞬間に行われていること」にフォーカスした表現です。よって、正解は (A) の現在完了形の受動態 has been confirmed「確認された」になります。空所を含む節は「支払いの確認が完了したら」という意味になり、全体の文意も通ります。

正解 **A**

文の要素を理解しよう

Our customers / **should be** / **aware** / that / **items** / **will**
主語   動詞   補語 接続詞 主語
当社の顧客は 〜すべきだ 気付く（何に気付くべき 商品は
            かというと）

not be shipped / until / **payment** / **has been confirmed**.
動詞   接続詞 主語   動詞
出荷されない 〜するまで 支払いが   確認される

英語の語順で理解しよう ◁)) 193

Our customers should be aware / that items will not be shipped
　　当社の顧客は留意すべきだ　　　　　　　　商品は出荷されないということ

/ until payment has been confirmed.
　　　　支払いが確認されるまで

GEAR UP! ◁)) 194

Our customers should be aware that payment -------.

(A) has been confirmed
(B) was confirmed
(C) will be confirmed
(D) is being confirmed

2

payment「支払い」は不可算名詞なので冠詞や代名詞の所有格などが前に付くことなく単独で使うことができる。主語になる場合には「三人称単数扱い」であることを忘れずに動詞の形を決めるようにすること。また、複合名詞の一部としても使われる場合が多い。複合名詞は複数形であっても payment options のように「最後に置く単語」以外は元の形のまま使うのが通例。

□ Our store has flexible payment options for all large purchases.

　当店は全ての高額なお買い物に対して、ご都合の良い支払いプランをご用意しています。

語句 □ flexible 柔軟な　□ payment option 支払いプラン
　　　　□ large purchase 高額な買い物

items will not be shipped until

1

until「〜まで（ずっと）」の同義語に till があるが、TOEIC では圧倒的に until の方が使われる。

☐ The annual flea market will be open every Sunday from today until the end of December.

毎年恒例のフリーマーケットは、本日から 12 月末まで毎週日曜日に開催されます。

語句 ☐ annual 年に 1 回の ☐ flea market フリーマーケット
☐ from A until B A から B までずっと
☐ the end of 〜の終わり

問題 65

🔊)) 195

------- a problem with the engine, the cruise ship to Grand Cayman will be out of service until further notice.

(A) According to
(B) Despite
(C) Due to
(D) Notwithstanding

前置詞（句）の理解

頻出度 🔥🔥🔥

語句
□ engine | エンジン
□ cruise ship | 客船
□ be out of service | 操業を休止中で
□ until further notice | 別途通知があるまでの間

訳 Due to a problem with the engine, the cruise ship to Grand Cayman will be out of service until further notice.

エンジンの問題が原因で、グランドケイマン島行きのその客船は別途通知があるまでの間操業を休止します。

(A) According to	〜によると：前置詞句
(B) Despite	〜にもかかわらず：前置詞
(C) Due to	〜が原因で：前置詞句
(D) Notwithstanding	〜にもかかわらず：前置詞

解説 正解への思考プロセス

 選択肢を確認 全て前置詞（句）であることを確認

選択肢には様々な前置詞（句）が並んでいます。According to と Due to は句ですが、いずれも前置詞の to で終わっているので後ろには名詞が続きます。

 正解を絞り込む 前置詞（句）が並んでいる問題は 問題文を全て読み、内容を把握する

空所の後には a problem with the engine「エンジンの問題」があり、その後のカンマ以降には the cruise ship to Grand Cayman will be out of service「グランドケイマン島行きのその客船は操業を休止します」が続いています。

正解を確定 空所からカンマまでがそれ以降の節の 「理由」を表していることを理解

空所を含む句が、カンマ以降の内容の「理由」であると考えれば文意が通るため、正解は (C) の Due to「〜が原因で」になります。

 正解　C

> 文の要素を理解しよう

Due to / a problem / with the engine, / **the cruise ship to Grand**
〜が原因で　　問題　　　　エンジンの　　　　　　　主語 グランドケイマン島行きの客船は

Cayman / will be / out of service / until further notice.
　　　　　　動詞　　　　補語
　　　　　　〜になる　　操業休止　　　別途通知があるまでの間

＊主語とイコールの状態を表している部分が out of service なので、この部分を補語であるとしています。

Chapter 1

Chapter 2

Chapter 3

Chapter 4 俯瞰で見渡せ──20問

英語の語順で理解しよう ◁)) 196

Due to a problem with the engine, / the cruise ship to Grand Cayman
　　　エンジンの問題が原因で　　　　　　　グランドケイマン島行きの客船は

/ will be out of service / until further notice.
　操業休止になる　　　　別途通知があるまでの間

GEAR UP! ◁)) 197

------- a problem with the engine, the
cruise ship to Grand Cayman will be out
of service until further notice.

(A) According to
(B) Despite
(C) Due to
(D) Notwithstanding

1

「~が原因で、~のせいで、~のおかげで」を表す前置詞句は、以下の5つ
をセットで覚える。

□ due to　　　　　　□ owing to　　　　　□ on account of
□ thanks to　　　　□ because of

ただし on account of だけは基本的に「起きたことが良くない内容であ
る場合の原因」を表す場合に使う。

□ Vincent was able to solve the problem himself thanks to his
　dedication to the research.
　Vincent は研究に専念したことによって、彼自身でその問題を解決することができました。

語句　□ be able to do ~することができる　□ solve ~を解決する
　　　□ himself 彼自身　□ dedication 専念　□ research 研究

☑ SKILL CHECK!

次の単語の意味を答えましょう。

① adequate　　　　[　　　　　]
② stapler　　　　　[　　　　　]
③ extend　　　　　[　　　　　]
④ expiration date　[　　　　　]
⑤ correspondence　[　　　　　]
⑥ applicant　　　　[　　　　　]
⑦ firmly　　　　　[　　　　　]
⑧ rely on　　　　　[　　　　　]
⑨ courier　　　　　[　　　　　]
⑩ ship（動詞）　　 [　　　　　]

解答は 328 ページへ
間違えたら 254、267、279、280、283、284、288、298、300 ページ
をもう一度チェックしよう。

◁)) 198

------- is last to leave at night should remember to turn off the lights and lock the door.

(A) Whatever
(B) Wherever
(C) Whoever
(D) Whichever

POINT

複合関係代名詞の理解

頻出度 🔥🔥🔥

語句
□ last 　　　　　　最後の
□ leave 　　　　　 去る
□ at night 　　　　夜に
□ remember to do 　忘れずに~する
□ turn off 　　　　~を消す
□ lock 　　　　　 ~に鍵をかける

訳 Whoever is last to leave at night should remember to turn off the lights and lock the door.

夜に最後に帰る人は、電気を消してドアに鍵をかけることを忘れないでください。

(A) Whatever	~するものは何でも：複合関係代名詞
(B) Wherever	~するところではどこでも：複合関係副詞
(C) Whoever	~する人は誰でも：複合関係代名詞
(D) Whichever	~するどちらでも：複合関係代名詞

308

解説 正解への思考プロセス

 選択肢を
確認 **複合関係代名詞と複合関係副詞の使い方の違いに注意**

選択肢には複合関係代名詞と複合関係副詞が並んでいます。複合関係代名詞は後ろに不完全な文（主語や目的語がない）が続きますが、複合関係副詞の後ろには完全な文が続きます。

 正解を
絞り込む **空所から night までが主語であることを確認**

空所の後ろには is last to leave at night が続き、その後ろには should remember「覚えているべきだ」という動詞句が続いています。

正解を
確定 **主語になれるのは複合関係代名詞**
→ 動詞は should remember なので人が主語になる

空所から night までのカタマリが should remember の主語となるため、空所には（should remember することが可能な）人を表す複合関係代名詞が入ります。よって、正解は (C) の Whoever「〜する人は誰でも」です。複合関係代名詞から始まる節は名詞節を作り、その名詞節は文の主語や目的語になります。本問では Whoever is last to leave at night が問題文の主語となっています。

正解　C

> 文の要素を理解しよう

Whoever is last to leave at night / should remember

主語　　　　　　　　　　　　　　　　　　　　動詞
夜に最後に帰る人は誰でも　　　　　　　　　　忘れずにすべきだ

/ to turn off the lights and lock the door.

目的語
電気を消してドアに鍵をかけることを

＊ここでは不定詞の名詞的用法である to turn 以下を、should remember の目的語であるとしています。

もっと学び尽くす

英語の語順で理解しよう ◁») 199

Whoever is last to leave at night / should remember to turn off the
　　　夜に最後に帰る人は誰でも　　　　忘れずに電気を消してドアに鍵をかけるべきだ

lights and lock the door.

GEAR UP! ◁») 200

------- is last to leave at night should
remember to turn off the lights and lock the
door.

(A) Whatever
(B) Wherever
(C) Whoever
(D) Whichever

COLUMN 無理な計画を立てない

「毎日100個単語を覚える」「毎日1セットの模試を解く」というような高いハードルをいきなり設定するようなことは決してしないでください。ほぼ確実に挫折します。無理せず確実にこなせるようなレベルの目標を立てると、長く続けることができます。

1

remember to do は「忘れずに〜する」、remember doing は「〜
したことを覚えている」という意味。これに関連して、forget to
do は「〜することを忘れる」、forget doing は「〜したことを忘れ
る」という意味になる。

■ 後ろに続くものが不定詞か動名詞かで意味の変わる動詞

□ forget to do	〜することを忘れる
□ forget doing	〜したことを忘れる
□ remember to do	忘れずに〜する
□ remember doing	〜したことを思い出す
□ go on to do	続けて〜する
□ go on doing	〜し続ける
□ try to do	〜しようとする
□ try doing	試しに〜してみる
□ regret to do	残念ながら〜する
□ regret doing	〜したことを後悔する
□ stop to do	〜するために立ち止まる
□ stop doing	〜することをやめる
□ need to do	〜することが必要だ
□ need doing	〜される必要がある (= need to be done)

□ I regret to inform you that, due to some unexpected
circumstances, Allen won't be capable of teaching
this class.

予期せぬ事情により、Allen はこのクラスを教えることができなくなることを残
念ながらお伝えいたします。

語句 □ due to 〜のせいで
□ unexpected circumstances 予期せぬ事情
□ be capable of doing 〜することができる

□ Mary regreted arguing with her coworker yesterday.

Mary は昨日同僚と口論をしたことを後悔しています。

語句 □ argue with 〜と口論をする □ cowoker 同僚

Chapter.1
Chapter 4 俯瞰で見渡せ─20問

67
🔊 201

Yoshinori Ikeda found it ------- to note that sales of his book had improved for the third consecutive week.

(A) pleasing
(B) pleased
(C) please
(D) pleasure

文の要素の理解

頻出度 🔥🔥🔥

語句		
□ find it A to do	～することが A だと分かる	
□ note	～に気付く	
□ improve	良くなる、好転する	
□ consecutive	連続した	

訳 Yoshinori Ikeda found it pleasing to note that sales of his book had improved for the third consecutive week.

Yoshinori Ikeda は 3 週連続で彼の本の売り上げが好調だと気付き、それは喜ばしいことだと感じました。

□ please	～を喜ばせる
(A) pleasing	動名詞、現在分詞
(B) pleased	動詞の過去形、過去分詞
(C) please	動詞の原形・現在形
(D) pleasure	楽しみ、喜び：可算名詞

312

選択肢を 確認 動詞 please の活用形などが並んでいることを確認
→ please は他動詞

選択肢には動詞 please「～を喜ばせる」の活用形や派生語が並んでいます。

 正解を 絞り込む 空所の前にある found（原形は find）を見た瞬間に
第 5 文型であることを疑う

空所の前には found it が、後ろには不定詞の to note が続いているのが分かる
ため、find it A to do「～することが A だと分かる」の形であると気付けること
が肝要です。この形では it ＝ A になり、it の内容は to 以下で述べられます。

 正解を 確定 find it A to do の形は不定詞以下の内容が
能動 / 受動どちらの立場なのかを判断する

it の内容は to note that sales of his book had improved for the third
consecutive week「彼の本の売り上げが 3 週連続で好調だと気付いたこと」
です。空所には it とイコールになるもの（形容詞か名詞）が入ります。文法的には
(C) 以外が正解候補となりますが、「自分の本の売り上げが好調であること」は
主語である著者を「喜ばせる」ことになります。この「能動」的な立場にある不定
詞以下の内容とイコールになるのは (A) の pleasing「人に喜びを与える」です。
(B) の pleased「喜んで」は人とイコールになる単語なのでここでは不適切、(C)
の please「～を喜ばせる」は動詞なのでここでは不適切、(D) の pleasure「楽
しみ、喜び」は可算名詞なので冠詞や代名詞の所有格などが前に必要です。

正解　A

文の要素を理解しよう

Yoshinori Ikeda / **found** / **it** / **pleasing** / to note / that

主語　　　　　　　　動詞　　目的語　補語　　　　　　　　接続詞
Yoshinori Ikeda は　　分かっ それが 喜ばしい　気付いて（何に気付いた
　　　　　　　　　　　　た　　　　　ことだと　　　　　　のかというと）

/ **sales of his book** / **had improved** / for the third consecutive

主語　　　　　　　　　　動詞
彼の本の売り上げが　　　好調だった　　　　　　　3 週連続で

week.

＊ it の内容は to note 以下になります。

英語の語順で理解しよう ◁))) 202

Yoshinori Ikeda found it pleasing / to note / that sales of his
Yoshinori Ikeda はそれが喜ばしいことだと分かった　気付いて　(何に気付いたのかというと)

book had improved / for the third consecutive week.
彼の本の売り上げが好調だった　　　　　3週連続で

GEAR UP! ◁))) 203

Yoshinori Ikeda <u>found it</u> ------- to note that
sales of his book had improved for the
third consecutive week.

(A) pleasing
(B) pleased
(C) please
(D) pleasure

1

find A B「A が B だと分かる」のように、他動詞の後ろに目的語＋補語が
続く第5文型の動詞で TOEIC に登場する代表的なものをまとめておく。

□ find A B	A が B だと分かる	□ get A B	A を B にする
□ call A B	A を B と呼ぶ	□ turn A B	A を B にする
□ name A B	A を B と名付ける	□ leave A B	A を B にしておく
□ appoint A B	A を B に任命する	□ make A B	A を B にする
□ paint A B	A を B 色に塗る	□ have A B	A を B にする
□ keep A B	A を B にしておく		

□ Mr. Reed, the owner of the hotel, appointed Ms. Pine
manager.

ホテルのオーナーである Reed さんは、Pine さんをマネージャーに任命しました。

語句 □ owner オーナー　□ manager マネージャー

☑ SKILL CHECK!

次の説明のうち正しいものには〇、正しくないものには
×を [ ] に入れましょう。

① 「装置」を意味する device と equipment はどち
らも不可算名詞である　　　　　　　　　　　[ ]

② quit「〜を辞める」は原形、過去形、そして過去分詞
も quit である。　　　　　　　　　　　　　　[ ]

③ so as to do は in order to do に言い換えること
ができる。　　　　　　　　　　　　　　　　[ ]

④ replace の名詞形は replacement だが、これには
「代表者」という「人」を表す意味もある。　　[ ]

⑤ avoid「〜を避ける」は、後ろに不定詞が続く。[ ]

⑥ 前置詞の through「〜の間中」は、後ろに場所や時
間を表す表現などを続けることができる。　　[ ]

⑦ payment は不可算名詞なので冠詞や代名詞の所有
格などが前に付くことなく単独で使うことができる。
　　　　　　　　　　　　　　　　　　　　　[ ]

⑧ on account of は「起きたことが非常に良い内容
である場合の原因」を表す場合に使われることが多
い。　　　　　　　　　　　　　　　　　　　[ ]

解答は 328 ページへ
間違えたら 181、196、197、254、283、294、302、306 ページをもう
一度チェックしよう。

Diamond Hawaiian Coffee had to alter its menu
after some ------- increases made certain items too
expensive.

(A) pricey
(B) price
(C) priced
(D) prices

名詞 vs 形容詞の理解

頻出度 🔥🔥🔥

語句
- □ alter ～を変更する
- □ increase 増加
- □ certain ある、特定の
- □ item 商品
- □ expensive 値段が高い

訳 Diamond Hawaiian Coffee had to alter its menu after some price
increases made certain items too expensive.

Diamond Hawaiian Coffee は値上げが特定の商品の値段を高くし過ぎてし
まったため、メニューを改定しなくてはなりませんでした。

(A) pricey	高価な：形容詞
(B) price	価格：可算名詞の単数形、～に値段を付ける：他動詞の原形、現在形
(C) priced	～に値段を付けた：動詞の過去形、値段を付けられた：過去分詞
(D) prices	価格：可算名詞の複数形、～に値段を付ける：他動詞の三人称単数現在形

解説　正解への思考プロセス

選択肢を確認　**price の派生語が並んでいることを確認**

選択肢には price「価格」の派生語などが並んでいます。

正解を絞り込む　**空所前の some から空所後の increases までが after 以下の節の主語になっている**

空所の前には接続詞の after「〜した後で」と形容詞の some「いくらかの」、後ろには名詞の increases「増加」が続き、さらにその後ろには動詞の made が続いています。空所の後ろにある made を動詞だと考えると、some 〜 increases までが made の主語になります。

正解を確定　**文法問題に見えるが、実際は文意が通るものを選ぶ問題**

空所は後ろに続く increases を修飾します。文法の観点から言えば名詞を前から修飾するのは形容詞と名詞ですが、選択肢にある全ての単語が形容詞（または形容詞の役割をする分詞）と名詞なので、ここでは increases の前に置いて意味が通るものを選ぶほかありません。正解は (B) の price です。price increases で「値上げ」という意味の複合名詞になります。他の選択肢の単語は increases の前に置いた場合、pricey increases「高価な値上げ」、priced increases「値段を付けられた値上げ」となり意味を成しません。そして prices increases が不正解となるのは、2 つの名詞が並ぶ複合名詞では、前にある名詞（ここでは prices）は基本的に単数形にする、というルールがあるからです。

正解　B

文の要素を理解しよう

Diamond Hawaiian Coffee / had to alter / its menu

Diamond Hawaiian Coffee は	変えなくてはならなかった	メニューを
主語	動詞	目的語

/ |after| / some price increases / made / certain items

〜した後に	値上げが	した	特定の商品の値段を
接続詞	主語	動詞	目的語

/ too expensive.

高くし過ぎという状態に
補語

もっと学び尽くす

英語の語順で理解しよう ◁)) 205

Diamond Hawaiian Coffee had to alter its menu
Diamond Hawaiian Coffee はメニューを変えなくてはならなかった

/ after some price increases made certain items too expensive.
値上げが特定の商品の値段を高くし過ぎてしまった後に

GEAR UP! ◁)) 206

Diamond Hawaiian Coffee had to
increases made certain items too

(A) pricey
(B) price
(C) priced
(D) prices

1

alter は「〜を変える」という意味の他動詞として主に使われる
が、以下の派生語も TOEIC では頻出なので押さえておこう。

☐ alternative 取って代わるもの ≒ ☐ alternate
☐ Unfortunately Armando failed but he had an
　 alternative plan.

残念ながら、Armando は失敗してしまいましたが、彼は代替のプランを
持っていました。

語句 ☐ unfortunately 残念ながら　☐ fail 失敗する

318

alter its menu after some --------
expensive.

2

副詞の alternatively「その代わりに」も覚えておくこと。
alternatively は通常文頭に置かれ、文全体を修飾する。

□ Would you like to enroll in a different course on
  Thursday? Alternatively, you can wait until next
  week to take Mr. Sugabayashi's course.

  木曜日の他の講座に申し込みをされますか。あるいは、Sugabayashi さん
  の講座を受講するために来週までお待ちいただくことも可能です。

語句 □ would like to do ～したい
    □ enroll in ～に入る、登録する
    □ different 他の □ course 講座
    □ until ～まで (ずっと) □ take ～を取る

Since the news of the acquisition broke last night,
reporters ------- themselves outside BWF Co. in the
hope of obtaining more information.

(A) be positioned
(B) have been positioned
(C) have been positioning
(D) will be positioned

時制の理解、態の理解

頻出度 🔥🔥🔥

語句		
□ acquisition		買収
□ break		突然発生する
□ position A B		A を B に配置する
□ outside		〜の外に
□ in the hope of		〜を期待して
□ obtain		〜を得る

訳 Since the news of the acquisition broke last night, reporters have
been positioning themselves outside BWF Co. in the hope of
obtaining more information.

買収のニュースが昨晩突然報道されて以来、レポーターたちはより多くの情報を得
られることを願いつつ、BWF 社の外で待機し続けています。

□ position	〜を配置する
(A) be positioned	動詞の過去形、過去分詞
(B) have been positioned	現在完了形の受動態
(C) have been positioning	現在完了進行形
(D) will be positioned	未来を表す表現の受動態

解説　正解への思考プロセス

 選択肢を 確認 時制や態などの問題であることを確認

選択肢には動詞 position「〜を配置する」の活用形、現在完了形の受動態や進行形などが並んでいます。

 正解を 絞り込む 空所の前に主語、後ろは目的語

空所の前には2つ目の節の主語となる reporters「レポーターたち」、後ろには再帰代名詞の themselves「彼ら自身」が続いています。

 正解を 確定 since は現在完了形のキーワード ＋目的語の前には能動態が来る

文頭に Since「〜して以来」があることから、空所に入る動詞は現在完了形を使うべきだということが分かります。現在完了形は (B) の have been positioned「ずっと配置されている」と (C) の have been positioning「ずっと〜を配置し続けている」の2つですが、空所の後ろには空所に入る動詞の目的語となる themselves があるため、受動態の (B) はここでは不適切、正解は (C) になります。

正解　C

文の要素を理解しよう

Since /	the news of the acquisition /	broke /	last night,
接続詞	主語	動詞	
〜して以来	買収のニュースが	突然報道された	昨晩

/ reporters /	have been positioning /	themselves
主語	動詞	目的語
レポーターたちは	置き続けている	彼ら自身を

/ outside BWF Co. /	in the hope of /	obtaining more information.
BWF 社の外に	〜を願って	より多くの情報を得られることを

もっと学び尽くす

英語の語順で理解しよう 🔊 208

Since the news of the acquisition broke last night,
　　　買収のニュースが昨晩突然報道されて以来

/ reporters have been positioning themselves outside BWF Co.
　　　　　レポーターたちは BWF 社の外に居座り続けている

/ in the hope of obtaining more information.
　　　　　　より多くの情報を得られることを願って

GEAR UP! 🔊 209

Since the news of the acquisition
themselves outside BWF Co. in

- (A) be positioned
- (B) have been positioned
- (C) have been positioning
- (D) will be positioned

1

接続詞の since「～して以来」は 2 つの節を繋
ぐが、since で始まらない方の動詞を完了形に
するキーワードにもなっている。

2

本問では再帰代名詞の themselves「彼ら自身」が使われ
ているが、再帰代名詞は「節の主語が再度同じ節の中に登
場する際に使われる」と覚えておく。

☐ I'm sure that I can manage all of this by myself.
　　私は自分でこれら全てを管理できると確信しています。

語句　☐ be sure that ～ということを確信している
　　　☐ manage ～を管理する　☐ by oneself 一人で

3

in the hope of obtaining more information「より多くの情報を得られることを願って」の中にある of obtaining more information では、前置詞＋他動詞の doing 形＋目的語という語順が登場している。これは頻出のパターンなのでしっかりと押さえておく。以下の例文でもこのパターンが使われているので、理解して覚えておいてほしい。

☐ Mr. Shaw will be in charge of recruiting employees for the new branch in Tokyo.

Shaw さんは東京の新しい支店の従業員を採用する担当者になる予定です。

語句 ☐ in charge of ～を担当する ☐ recruit ～を採用する
☐ employee 従業員 ☐ branch 支店

**broke last night, reporters -------
the hope of obtaining more information.**

4

information「情報」は TOEIC に登場する代表的な「不可算名詞」。advice「アドバイス」、equipment「設備、機材」などのような不可算名詞は「出会う度」にその都度意識して一つひとつ覚えていくこと。

☐ If you notice any equipment that is not working, let us know immediately.

もし機能していない機材に気が付いたら、すぐに私たちに連絡をしてください。

語句 ☐ notice ～に気が付く ☐ work 機能する
☐ immediately すぐに

Zobo Music is a digital music service by Blue Finch Inc. ------- gives its users access to hundreds of songs for a small yearly fee.

(A) that
(B) who
(C) whose
(D) where

POINT

文の要素の理解、関係代名詞の使い方の理解

頻出度 🔥🔥🔥

語句		
□ give A B		A に B を与える
□ access to		〜へのアクセス
□ hundreds of		数百の〜
□ yearly fee		年会費

訳 Zobo Music is a digital music service by Blue Finch Inc. that gives its users access to hundreds of songs for a small yearly fee.

Zobo Music は、ユーザーが安い年会費で数百曲の歌にアクセスできる、Blue Finch 社によるデジタル音楽サービスです。

(A) that		関係代名詞の主格・目的格など
(B) who		関係代名詞の主格など
(C) whose		関係代名詞の所有格など
(D) where		関係副詞

解説 正解への思考プロセス

 選択肢を確認 関係詞が並んでいることを確認

選択肢には関係代名詞や関係副詞として機能するものが並んでいます。

 正解を絞り込む 先行詞は「物」、空所の後ろに続くのは動詞

空所の前には a digital music service by Blue Finch Inc. 「Blue Finch 社によるデジタル音楽サービス」があり、後ろには動詞の gives「〜に…を与える」が続いています。

正解を確定 「物＋主格の関係代名詞 that ＋動詞」の流れを作る

物 (a digital music service by Blue Finch Inc.) を先行詞として後ろに動詞が続くのは、主格の関係代名詞である (A) の that です。この that は which に置き換えることも可能です。

 正解 A

文の要素を理解しよう

Zobo Music / is / a digital music service / by Blue Finch Inc.
　　主語　　　　動詞　　　　　補語
Zobo Music は（＝）　　 デジタル音楽サービスだ　　　Blue Finch 社による

/ that / gives / its users / access / to hundreds of songs / for a
（関係代名詞の主格）（動詞）　（目的語）　（目的語）
（そしてそれは）　与える　ユーザーに　アクセスを　　数百曲の歌への

small yearly fee.

安い年会費で

＊関係代名詞の主格 that の先行詞は a digital music service by Blue Finch Inc. です。

もっと学び尽くす

Zobo Music is a digital music service / by Blue Finch Inc. / that
Zobo Music はデジタル音楽サービスだ　　Blue Finch 社による

gives its users access to hundreds of songs / for a small yearly fee.
それはユーザーに数百曲の歌へのアクセスを与える　　　　安い年会費で

GEAR UP! ◁)) 212

Zobo Music is a digital music
users <u>access</u> to hundreds of

(A) that
(B) who
(C) whose
(D) where

1

access「アクセス、接近、(利用できる) 権利」は基本的に不可算名詞として使われる。

□ All stays at our hotel come with access to our complimentary buffet breakfast.

私共のホテルへの全てのお泊りには、無料の朝食ビュッフェのご利用が付きます。

語句 □ come with ~が付いてくる　□ access to ~を利用できる権利
　　 □ complimentary 無料の　□ buffet ビュッフェ

---

service by Blue Finch Inc. ------- gives its
songs for a small yearly fee.

2

a small fee は「少額の料金」、a big fee は「高額の料金」を
表すが、TOEIC では for a small fee「少額の料金で」がしばし
ば登場する。

☐ You can upgrade this software for a small fee.

あなたはこのソフトウエアを少額の料金でアップグレードすることができます。

語句 ☐ upgrade ~をアップグレードする

■fee を使った表現

☐ entrance fee	入場料	☐ for a small fee	わずかな料金で
☐ tuition fee	授業料	☐ shipping fee	配送料
☐ late fee	遅延料		

問題番号	正解	問題番号	正解	問題番号	正解
51	C	58	A	65	C
52	A	59	B	66	C
53	C	60	A	67	A
54	D	61	D	68	B
55	B	62	C	69	C
56	C	63	B	70	A
57	B	64	A		

■ SKILL CHECK 解答

No. 52 (255 ページ)
① ～を回収する　② ～以内に　③ 部下　④ 貢献　⑤ 評論家　⑥ 援助する　⑦ 保育
⑧ 印象的な　⑨ 遅れる　⑩ 最高の

No. 57 (275 ページ)
① ～を融資する　② 可算名詞の単数形　③ 最上級　④ 完了　⑤ ～を思い出す
⑥ 不可算、可算　⑦ 過去の起点　⑧ be held

No. 60 (287 ページ)
① despite / in spite of / notwithstanding / regardless of（順不同）
② ～に続いている　③ ～の後で　④ 次の　⑤ ～に続くこと

No. 61 (291 ページ)
① 操作する　② ～を利用する　③ 修正　④ 生産性　⑤ ～を辞める　⑥ 乗客
⑦ 後半の　⑧ 点滅する　⑨ ～を明らかにする　⑩ 排出

No. 62 (295 ページ)
① promoted　② limited　③ possible　④ excluding　⑤ convinced
⑥ consecutive　⑦ approximately　⑧ free

No. 63 (299 ページ)
① thanks to / owing to / because of / due to / on account of（順不同）
② because / since / for / as（順不同）
③ for　④ by　⑤ beside　⑥ in

No. 65 (307 ページ)
① 適切な　② ホチキス　③ ～を延ばす　④ 有効期限　⑤ やり取り、通信　⑥ 応募者
⑦ しっかりと　⑧ ～に頼る　⑨ 宅配業者　⑩ ～を出荷する

No. 67 (315 ページ)
① ×（device は可算名詞、equipment は不可算名詞）　② ○　③ ○
④ ×（replacement は「交代要員、後任」、「代表者」は representative）
⑤ ×（動詞の doing 形か名詞が続く）　⑥ ○　⑦ ○
⑧ ×（基本的に「起きたことが良くない内容である場合の原因」を表す場合に使う）

ダウンロード特典について

確認テスト×3回分をダウンロード特典としてご利用いただけます。ぜひご活用ください。

■ ダウンロード方法

下記 URL より弊社・株式会社オープンゲートのホームページにアクセスしていただき、本書の書影をクリックしてください。

https://openg.co.jp/

本書の紹介ページを下方にスクロールして**特典のダウンロードはこちら**をクリックしてダウンロードしてください。

TOEIC® L&R テスト 詳説英文法

2021 年 10 月 20 日　初版　第 1 刷発行
2022 年 3 月 1 日　　　　第 3 刷発行

著　者	濵﨑潤之輔
発行者	天谷修平
発　行	株式会社オープンゲート
	〒 101-0051
	東京都千代田区神田神保町 2-14　SP 神保町ビル 5 階
	TEL：03-5213-4125　FAX：03-5213-4126
印刷・製本	精文堂印刷株式会社
装　丁	清水裕久（Pesco Paint）
本文デザイン・DTP	清水裕久（Pesco Paint）
英文校正	Kan Andrew Hashimoto
校正・校閲	渡邉真理子
録音編集	株式会社ジェイルハウス・ミュージック
ナレーション	Howard Colefield
	桑島三幸

ISBN 978-4-910265-09-4 Printed in Japan
© 2021 Hamasaki Junnosuke